文献检索与信息素养教育研究

张素萍　著

延边大学出版社

图书在版编目（CIP）数据

文献检索与信息素养教育研究 / 张素萍著. -- 延吉:
延边大学出版社, 2023.2
ISBN 978-7-230-04499-8

Ⅰ.①文… Ⅱ.①张… Ⅲ.①信息检索②信息素养－
信息教育 Ⅳ.①G254.9

中国版本图书馆 CIP 数据核字(2023)第 032470 号

文献检索与信息素养教育研究

作　　者：张素萍
责任编辑：张艳春
封面设计：文合文化
出版发行：延边大学出版社
地　　址：吉林省延吉市公园路 977 号　　　邮　编：133002
网　　址：http://www.ydcbs.com　　　　　E-mail：ydcbs@ydcbs.com
电　　话：0433-2732435　　　　　　　　传　真：0433-2732434
印　　刷：三河市嵩川印刷有限公司
开　　本：787 毫米×1092 毫米　1/16
印　　张：11.75
字　　数：240 千字
版　　次：2023 年 2 月第 1 版
印　　次：2023 年 3 月第 1 次印刷
书　　号：ISBN 978-7-230-04499-8

定　　价：57.50 元

前　言

网络信息时代因其拥有的巨大的信息资源，不断改变着人们的工作、学习和生活方式。在网络信息时代，人们不仅需要拥有信息，而且必须学习必要的技能来获取、整理、评估和利用信息，因此信息素养就显得尤为重要。信息素养是一种综合能力，它涉及各方面的知识，是一个特殊的、涵盖面很宽的能力。信息素养已经与科学素养、人文素养共同成为当代高校学生必备的基础素养之一。信息素养是每个人终身学习的基础，其覆盖了所有学科和教育阶段。在我国，开设文献检索课是高校培养高校学生信息素养的一条重要途径。随着社会的进步，文献检索课对高校学生信息素养的培养起着越来越重要的作用。

本书主要探讨文献检索与信息素养教育等内容，具体内容有以下几点：第一，本书就信息素养和信息素养教育的基本知识进行了详细的阐述和分析，并对信息来源、信息价值、信息规范和信息安全等问题做了探讨；第二，本书对文献检索的基础知识进行了介绍，分析了文献检索的概念、检索语言和检索思维，以及检索步骤和策略等；再次，本书具体介绍了中外文献数据库资源及其检索方法，并立足于对中文文献数据库资源检索与外文文献数据库资源检索分析，讨论了由于发展历程不同，导致中外文献数据库的特征形式不同，在资源和知识服务方面也存在差异；本书也介绍了特种文献检索，主要介绍了专利文献检索、标准文献检索、会议文献检索以及科技报告文献检索等；同时介绍了搜索引擎、专题网络资源、开放获取资源检索和高校学生常用资源；第三，本书研究了科学研究与学术论文写作等相关内容，介绍了科学研究的基本概念、文献调研、科技查新以及论文写作；第四，本书讨论了当前我国高校学生创新素养存在的不足，对高校学生信息素养教育与创新意识培养、面向学术创新的信息素养教育、面向创新创业的信息素养教育、高校学生信息素养创新教育模式进行了简要分析，并提出了高校学生信息素养的培养路径。

本书在撰写过程中，参考、借鉴了大量著作与学者的研究成果，在此一一表示感谢。由于作者水平有限，加之行文仓促，书中难免存在疏漏与不足之处，望各位专家学者与广大读者批评指正。

目 录

第一章 信息素养与信息素养教育

第一节 信息素养概念的历史演变

一、素养概念的多元视角

"素养"是一个多元、情境、动态的概念。人类进入 21 世纪以来，随着信息技术和网络技术的逐步发展，世界各国纷纷由工业社会进入信息社会。信息社会要求公民具备新的能力以适应不断变化的环境。受到信息媒体、通信技术和数字世界持续的影响和冲击，素养这一概念经过发展，除了形成信息素养外，还形成媒体素养、网络素养、计算机素养、数字素养、图书馆素养、文化素养、视觉素养、科学素养、元素养等相关素养概念。不同素养概念之间的界限逐渐模糊，呈现出多个概念逐步走向复合的趋势。多个概念既各有侧重，又在一定程度上相似、交叉、融合，信息素养概念面临一系列相似概念的竞争和冲突。

媒体素养、信息素养和数字素养等有着不同的起源和研究范畴。媒体素养源于媒体和公民的研究，其关注媒体内容、媒体行业和社会影响，具有强烈的社会性内涵；信息素养源于图书馆学和信息科学，其关注知识的创造和使用，对学习过程、信息存储处理和使用充分知情；数字素养则源于计算机科学和信息学。

媒体素养的概念起源于 20 世纪 30 年代，但在 20 世纪末才得以快速发展，其最早可追溯至 20 世纪 60 年代加拿大提出的"屏幕教育"。在英国，媒体素养被定义为在多种情境下获取理解和创设交流的能力；在美国，媒体素养被视作一系列通信能力的集合，包括对各种形式的信息的获取分析和表达能力，这些信息可以是纸质的或非纸质的。尽管媒体素养概念在表述上各不相同，但都一致强调批判地处理媒体信息，提高获取、理解、分析、使用和创建媒体制品能力的特征。

数字素养通常是指有效地、批判地从一系列来源中获取和评估不同格式（尤其是数字格式）信息的能力，在此基础上使用一系列工具和资源（尤其是数字技术）创造新的知识。就概念本身来说，数字素养与媒体素养十分接近，主要体现在帮助使用者安全和道德地进行社交与合作。

虽然，信息素养聚焦于如何使用不同的技术工具管理不同格式和形式的信息；媒体素养聚焦于媒体的获取与发展；数字素养聚焦于运用数字设备软件的能力以及信息通信技术的开放透明。但他们都表现出以下相似之处：首先，三者都关注培养人的能力——获取、理解、评价、交流、使用和创建媒体消息与信息的能力，致力于促进终身学习、全民参与、促进建构知识社会的目标，强调有道德地使用信息、批判性地分析内容、多媒体平台的使用、知识生产等四个方面的重要性。其次，三者都促进人类的基本权利和自由，尤其是发表和获取信息的自由。媒体素养尤其考虑言论自由、新闻自由和多元媒体。信息素养则强调通过媒体，不分国界来寻找收集信息和思想的权利。数字素养涉及信息和信息通信技术（尤其是互联网）的开放、多元、包容和透明。最后，三者都越来越重视信息和通信技术支持下的多媒体资源的使用，其关注的重心包括对内容的批判性评价、对媒体和信息供应者职能的理解、对媒体信息产品服务与过程的了解等。

二、素养概念的融合

近年来，随着信息技术应用的逐步深入，媒体素养、信息素养和数字素养等概念呈现出日渐融合的发展趋势。一方面，大众媒体和信息通信技术日益影响着人们的日常生活、学习和工作，人们迫切需要提高在新的技术环境下使用多种素养的技术和能力，单一的信息素养或媒体素养都不足以体现个人应对与使用媒体和信息的能力；另一方面，技术的融合模糊了不同素养之间的界限，数字技术的迅速发展与深入应用成为媒体素养和信息素养融合的主要原因。20 世纪 90 年代，加拿大弗兰克·凯尔奇（Frank Koelsch）认为，计算机技术将媒体素养的内涵延伸至信息素养。信息素养专家意识到需要与媒体世界联通，应更加重视对检索到的信息进行批判分析。在媒体素养方面，面对数字化时代的海量信息，信息从业者也深刻认识到提升信息素养、熟练地进行信息搜索、评估和应用的重要性。

基于上述原因，联合国教育、科学及文化组织（UNESCO，以下简称联合国教科文组织）将上述相关概念进行融合，并提出了媒体与信息素养、元素养的概念。

三、媒体与信息素养

（一）媒体与信息素养的提出

素养概念的融合成为时代的必然。信息素养和媒体素养传统上被视为独立和不同的领域，联合国教科文组织将这两种素养作为当今人们生活和工作所必需的综合能力（知识、技能和态度），并将相关概念进行融合，提出了"媒体与信息素养"（Media and Information Literacy，以下简称"MIL"）的概念。

联合国教科文组织对 MIL 的概念作了界定。MIL 被定义为一组能力，这些能力允许公民使用一系列工具，以批判的、道德的和有效的方式，获取、检索、理解、评估和使用、创造、分享所有格式的信息和媒体内容，以参与和从事个性化、专业化和社会化的活动。联合国教科文组织认为，提升公民的 MIL 对于公民权利的享有和社会的可持续发展都是极为重要的，每位公民都需要学习、理解媒体与信息的传播规则，学习管理资源的能力，了解更多来自虚拟世界的机遇和威胁。联合国教科文组织通过综合战略来创造媒体和信息素养社会，支持和鼓励各成员国创建有利的环境，帮助本国公民成为具有媒体和信息素养的人。

（二）媒体与信息素养五大定律

联合国教科文组织发布了媒体与信息素养五大定律，期望通过媒体素养与信息素养的结合，使其内化为人们在 21 世纪生活与工作所必备的知识、技能与态度。媒体与信息素养可以辨识出信息和媒体在人们日常生活中扮演的主要角色，使公民能够了解媒体和其他信息提供者的功能，并且能够以批判的角度去评估其内容，让用户以及信息和媒体内容的提供者得以做出明智的决策。媒体与信息素养五大定律的内容有以下几点：

1.信息传播者、图书馆、媒介、科技、互联网以及其他形式的信息提供者应用于批判性的公民参与和可持续发展。该定律首先阐释了信息及信息提供者的性质和任务，指明了信息提供者工作的出发点和落脚点。

2.每个人都是信息或知识的创造者，并携带自己的消息，他们必须被授予获取新的信息或知识和表达自己的权利，男性与女性都应具备 MIL，MIL 也是人权的纽带。

3.信息、知识与消息并不总是价值中立，或始终不受偏见影响，任何对 MIL 的概念化、应用都应保证"信息、知识与消息并不总是价值中立"这一事实对于所有人都是透明可懂的。

4.每一个人都想知晓与理解新的信息、知识与消息，并与外界进行交流，即使他并没有意识到、承认或表达过，他的权益也绝不应受到侵害。

5.MIL 并不能即刻习得。它是一个动态的具有生命力的经历与过程。只有当这个学习过程包括知识、技能与态度，涵盖信息的获取、评估、使用、生产、传播、宣传和技术内容时，它才能称为完整。

（三）全球媒体与信息素养评估框架

信息与交流技术飞速发展，信息时代要求人们具备更好地管理信息与知识的能力。2013 年，联合国教科文组织发布了《全球媒体与信息素养评估框架》（Global Media and Information Literacy Assessment Framework，以下简称《MIL 评估框架》)，它为各成员国评估其在创造能动的媒体与信息素养环境上所做的准备及评估公民在媒体与信息素养方面的能力方面，提供方法指导与实践工具，尤其聚焦服务与培训领域的教师。

联合国教科文组织在其战略中引入了 MIL 的新概念，从而将一些相互关联的概念，如信息素养、媒体素养、信息与通信技术（Information and Communication Technologies，ICT）和数字素养及其他相关方面，纳入一个总体概念。联合国教科文组织认为这些素养在复合概念中是互补和统一的；同时承认这些类型的素养是独立的，具有自身的完整性和身份。

联合国教科文组织认为，要想实现任何社会的可持续发展，对人们信息素养的培养是必不可少的，因此这要求个人、社区和国家都要获得不同程度的信息能力，形成信息素养和媒体素养。ICT 的快速增长，在互联网领域占据主导地位，越来越多地与移动技术融合，为公民的工作、参与互联网提供了新的机会和形式。ICT 的使用、社交网络平台、全球共享信息和媒体内容的大规模获取、生成和处理，创造了一个独立的虚拟世界，或者一个新的现实世界。此外，大型媒体和信息提供商作为主要的互联网服务提供商与其他全球性的公司、社区和网络一起，不仅直接影响着国家与地理区域的自然和历史边界，还进入了每个人的个人、专业和社会生活中。

第二节 高校学生信息素养

一、高校学生与信息的联系

高校学生的信息需求涵盖学业、科研、个人成长、生活娱乐、求职创业等方面。无论是专业学习、课程论文、创新训练、科研项目、实习设计、学术竞赛、毕业设计，还是社团活动、求职应聘、考研、考证、公务员考试，以及个人生活娱乐、兴趣培养、网络交流等，都会与专业学术信息、普通网络信息发生关联。高校学生既是信息消费者，同时也是信息的生产者，其与信息的联系愈加紧密。

互联网让任何人都能以几乎零成本的方式获取他想学习和了解的任何知识、信息或者技能。然而，面对瞬息万变的全媒体环境、多样的信息生态环境、开放的学术交流环境、复杂的高等教育环境，面对大数据、云信息、高性能计算等技术的发展，对信息除了获取外，对管理、分析、评估、创新、交互等各种维度和程度也有不同的要求和需求。无论是高校学生，还是其他人群，其信息素养的要求不是降低，而是提高。在互联网时代，信息素养是个人投身信息社会的一个先决条件，提升和优化公民的信息素养已经成为各国的共识，也成为促进人类发展的全球性政策。信息素养，是每个人都应该具备的素养。因此，时代的发展要求高校学生提升信息素养。

二、高校学生与信息素养

信息素养是包含了多种关于信息的知识技能和思维意识的一组复合能力。在信息生产过程中，认知和评价由不同途径和形式产生的信息的价值；在问题解决的过程中，能够制定、调整信息发现和获取的策略，探索式查找与获取信息；能以批判性思维分析、评价获取的信息；能规范合理地利用获取的信息解决问题并创造出新内容；辩证地利用信息并进行创新；能以各种方式呈现和交流自己的研究成果。

对于信息素养的学习与提升，需要通过渐进而系统的方式，融入大学不同阶段的学术活动中，重视学习中的参与性和合作性。作为高校学生，应当将信息素养的内涵延伸到当前的信息环境下，与自身学习和学术研究等目标相结合，强调自身作为信息使用者和信息创造者的双重角色，强调新环境下的信息素养概念的动态性、灵活性及其与个人成长的相关性。

第三节 信息素养教育概述

高校学生信息素养教育，包括对高校学生进行信息知识教育、信息意识教育、信息能力教育和信息道德教育。

一、信息素养教育的内容

（一）信息知识教育

信息知识，是信息素养的基础，是有关信息的特点与类型、信息交流和传播的基本规律与方式、信息的功用及效应、信息检索等方面的知识。信息知识不但可以使人的知识结构改变，而且能够激活原有的学科专业知识，使文化知识和专业知识发挥更大的作用。高校必须培养高校学生理性思考问题，利用先进的信息技术和检索各类信息的方法，采用多种创新性思维，利用信息解决问题，以及开发信息的能力。信息知识教育是一项系统工程，涉及高校的各个部门，如图书馆、电教中心、计算机中心、信息中心及教务管理部门等。信息知识教育应由多个单位协同完成，只有这样才能取得较好的效果。

（二）信息意识教育

信息意识又称信息观念，是指人们对信息本质、特征和价值等的认识。信息意识包括对信息的识别与分析能力，以及对信息的利用和评价素养等。信息意识影响着人们的信息需求、心理和行为。通过对高校学生进行信息意识教育，既可以提高他们对信息的认识，又可以激发他们潜在的信息需求，培养他们对信息的感受力和洞察力。

（三）信息能力教育

信息能力是指人们获取信息、加工处理信息、利用信息、传输信息、管理信息以及吸收信息并创造新信息的能力。信息能力是构成信息素养的核心部分。因此，对高校学生进行信息能力教育对促进高校学生信息素养的形成与提高有重要作用。

（四）信息道德教育

信息道德是指在信息的采集、加工、存贮、传播和利用等信息活动各个环节中，用来规范其间产生的各种社会关系的道德意识、道德规范和道德行为的总和。信息技术对社会的影响具有正反两方面的作用，它既可推动社会的发展，同时也可能导致社会公害的产生，如信息污染、信息犯罪等。人们在自由获取和利用信息的同时，应该尊重他人的知识产权和信息隐私，注重社会公德，自觉抵制违法信息行为。对高校学生进行信息道德教育利于高校学生以正确的方式获取信息和利用信息。

二、信息素养教育的基本要求

高校关于信息素养教育的总体要求是：培养高校学生具有较好的信息意识、信息道德和较强的信息捕捉能力，掌握丰富的专业信息知识，增强高校学生在信息社会中的竞争、生存和发展技能，提高高校学生的信息道德水平。其具体目标如下：

第一，培养高校学生树立正确的信息价值观和人生观，并让高校学生具备良好的信息鉴别能力以及自控、自律和自我调节能力。

第二，培养高校学生熟练地使用各种信息工具、充分利用各种信息渠道获取所需信息的能力。

第三，培养高校学生分析、判断、处理、运用有用信息的能力，使他们能够依据个人的学习情况，熟练地运用检索、访问、阅读、讨论等方法获得所需信息，并能针对某一课题所采集的信息进行归纳、分类、分析、鉴别、筛选、存储,使之系统化、准确化、适用化。

第四,培养高校学生独立运用所获得的信息解决实际问题的能力,让所获得的信息在学习和今后工作中充分发挥效用,从而掌握终身学习的理论基础和研究方法。

第四节 高校学生信息素养教育的重要性与必要性

在信息技术发展迅速的今天,信息的获取、分析、处理和利用等信息素养是高校学生必须具备的,因此高校必须重视对高校学生信息素养的教育。

高校学生信息素养教育的重要性与必要性主要体现在以下几个方面:

一、信息素养是高校学生学习和生活中不可缺少的素质

第一,信息素养是高校学生自主学习不可缺少的素质。与中学阶段的学习相比,大学阶段的学习对学生自主学习的要求更高。高校学生在课堂上学到的专业知识并不能满足专业知识的需求和自身发展的需要,这就要求他们利用空余时间自主学习;具备较好的信息素养,使他们及时了解专业发展的最新信息,方便快捷地获取所需的知识。因此,具备良好的信息素养对高校学生自主学习能力的提高有促进作用。

第二,信息素养的培养有助于提高高校学生解决问题的能力。解决问题的过程就是搜集、筛选、重新组织、创造性地使用信息的过程。信息素养包括信息的获取、筛选、组织、传递、有效利用等多方面的能力。具备良好的信息素养,能够使高校学生更加充分、有效地利用各种信息工具和信息资源,提高分析和解决问题的能力。

第三,信息素养对高校学生道德品质的提升有重要意义。信息伦理是高校学生道德品质必不可少的重要组成部分,其能把握个体信息素养的方向,使高校学生在信息活动中不危害社会或侵犯他人的合法权益。此外,良好的信息伦理使高校学生能够正确对待社会中各种不良思潮,免受不良思想和文化的腐蚀,同时也能够规范自身的信息行为,避免出现危害他人和社会的错误行为。

二、信息素养是现代高校学生必备的素养

第一,信息素养是时代和社会的需要。21世纪是信息时代,信息时代的最大特点是知识、信息、技术等不再受时空限制,人们可以通过各种渠道获得信息、发布信息、

利用信息。对信息具有敏锐的洞察力、准确的判断力以及加工能力，是每个人在社会生存中不可缺少的基本素质。当代高校学生是国家的未来和希望，他们的信息素养能力关乎国家在国际上的竞争力，因此当代高校学生应具有很强的信息查询、获取、熟练应用和驾驭信息技术的能力。加强当代高校学生信息素养教育，培养他们搜集、整理和利用信息的能力，是时代赋予高校的任务。

第二，信息素养是培养高校学生创新意识的需要。当代高校学生不再是只会在课堂上接收信息的人，而是知道如何检索、评价和应用所需信息的人。在迎接未来的挑战中，当代高校学生最重要的就是创新。勇于创新、善于创新，具备创新意识和创新能力已成为现代高校学生的重要特征。而创新的必要素质是独立性与批判性：独立性就是指会独立地思考、判断，有独立的意志与人格，没有独立性就没有创新；批判性就是实事求是的科学态度和怀疑批评精神。独立性与批判性有着密切的关系。信息素养是高素质人才完成创新过程不可缺少的素质之一。信息素养教育不是简单地培养高校学生的信息获取能力，而是培养高校学生批判信息、利用信息和创造信息的能力。因此，加强对高校学生的信息素养教育，提高高校学生信息素养能力是非常必要的。

第三，信息素养教育是当代高校学生终身教育的需要。信息时代与知识经济时代的特性使知识更新的节奏加快，这就对教育提出了更高的要求：教育须打破一次性学校教育的模式，把教育推向终身化，学习推向社会化。终身教育已成为时代的要求，而信息素养教育的目的正是培养高校学生自我学习的能力。通过信息素养教育获得良好信息素养的高校学生，不管是在什么环境下，都能主动地去获取各种知识和信息，学习不再受到各种限制，从而能很好地实现终身教育。

三、高校学生信息素养教育是时代发展的需要

21 世纪，世界全面进入以经济全球化、信息网络化、社会知识化、教育终身化为社会特征的信息时代。"信息是效益""信息是生产力"，信息在社会主义市场经济中的作用已日益显现，成为人们关注的重要内容。信息成为社会发展的决定性力量和主导因素。信息素养教育是一种促进社会成员全面发展的教育，信息社会将是一个学习的社会。终身学习的过程就是进行信息获取、理解、转化并生成新信息的过程，因此信息素养教育是终身教育的基础和前提。只有具备良好信息素养的人，才能更好地适应信息化社会的发展需要。随着我国高等教育改革的不断深入和社会信息化的逐步形成，信息素养教育已成为当代高校学生综合素质教育的重要组成部分。有研究者指出：具有信息素养的学生能够有效地、高效地获取信息；具有信息素养的学生能够精确地、创造性地使用信息；具有信息素养的学生能够熟练地、批判地评价信息。对高校学生实施信息素养教育，既是高校教育的深化与发展，又体现了高等学校素质教育

与时俱进的时代意义。

第五节 国内外信息素养教育现状与发展趋势

一、国内信息素养教育的现状和发展趋势

（一）我国信息素养教育的现状

当前，我国信息素养教育的基本情况是理论上学界已作了较充分的相关研究；一系列关于信息素养教育的有效措施在实践中得到应用，如文献检索课的主干地位在高校信息素养教育中得以巩固，信息技能教育以及信息道德教育的顺利开展深化了信息素养教育的影响。

据统计，近几年有 200 余篇关于信息素养和信息素养教育研究的论文在国内期刊上发表，而且相关的专著及译著先后出版，研究的内容也广泛地涉猎信息素养的多个方面，包括信息素养的概念、性质、特点，以及信息素养教育的内涵、信息素养教育的意义、信息素养的实施途径和评价标准等。

目前，我国一些高校正在对文献检索课的教学内容和教学方法进行改革：在内容上，不再以介绍手动检索为主，而是重点介绍计算机信息检索；在教学方法上，信息技术逐渐走上主导地位。如今，不少高校不再局限开设文献检索课，而且进行形式多样的宣传教育活动能够激发师生的需求意识。

现阶段，信息素养教育在我国各大高校得到不同程度的开展，但仍然处于起步阶段，信息素养教育的基础仍很薄弱。我国信息素养教育基础的薄弱主要体现在国内没有一个负责信息素养教育的全国性组织，也缺少一套统一可行的评估标准。高校信息素养教育发展水平相对落后，大多数学校的信息素养教育停留在初级阶段。计算机技术教育、文献检索课成为信息素养教育仅有的课程。我国很多高校的文献检索课仍然存在很多问题，如缺乏师资力量、沿用传统教材、教学手段落后、教材内容陈旧、课程不具吸引性、教学效果不尽如人意等。教育职能部门对信息素养教育的重视程度不够，学生的学习信息意识不强。高校信息意识的教育层次还很低，信息能力、信息道德教育不均衡、不到位的现象普遍存在。虽然部分高校和研究机构中存在一批信息技术掌握能力强、信息道德水平高的教师和研究人员，但是仍然有部分教师的信息意识淡薄、观念守旧、教学内容缺乏新意；还有一些学生的学习方法落后，对深层次知识的掌握能力有限，对信息的获取力不从心，甚至存在信息创造、传播、使用三大主体

之间关系的混乱，不尊重他人的信息劳动成果，缺乏信息道德等问题。

（二）我国信息素养教育的发展趋势

根据我国现有的研究成果及情况，信息素养教育的发展趋势有以下几点：信息素养教育形式多样化发展；网络信息素养教育异军突起；信息素养教育评估实践的难点显现；统一化、规范化、标准化的信息素养教育成为主流方向。

二、国外信息素养教育现状和发展趋势

（一）国外信息素养教育的现状

目前，国外信息素养教育的现状：首先，各国非常重视信息素养教育问题，有一个较权威的机构或部门统一指导信息素养教育的发展以及发展方向；其次，各大学注重信息素养教育的贯彻实施，有自己的信息素养教育教学计划，课程的设置和有关的教学内容则由学校相关教师和图书馆共同承担。信息素养教育目前已从以讲授各种专用信息源的使用方法为重点转变为以培养与信息利用相关的批判性思考能力为重点。学校为提高学生学习的兴趣，开展丰富多彩的信息素养教育形式；最后，在经费方面，国家和学校共同承担信息素养教育的费用，有些基金会和民间捐款也专门用于信息素养教育的实施，这就更加保证了信息素养教育的彻底贯彻落实。

目前，国外许多大学正结合自身实际情况采用多种新形式开展信息素养教育，主要包括联机信息指导、信息素养课程、嵌入其他课程的信息素养教育。

国外一些大学采用独立开设信息素养教育课程的模式，这些课程形式上包括选修或者必修、远程教育以及课堂授课等，还有的大学采用与学科核心课、专业必修课或者与信息技术通修课相融合的形式。美国一些大学实现了学习经验与信息素养教育的完美结合，主要包括俄勒冈州立大学基于场景的教学方法、纽约大学的研究性任务教学和马里兰大学提供的"在线必修课"教学法。

国外有些大学目前没有采用独立开设信息素养教育课程的模式，而是将信息素养教育嵌入其他一些课程的教育当中。目前许多大学都采用这种教育模式，但其具体实施仍有一些困难要克服，包括激发学生对信息素养学习的热情、如何评价学生学习与实践的结合效果等。

（二）国外信息素养教育的发展趋势

国外信息素养教育正在向以下几个方面发展：教育模式的转变，信息素养教育进一步网络化、数字化；教育重点的转变，信息素养教育的重点由讲授各种专业信息源的使用方法转向培养学生的终身学习能力和批判性思维能力；教育研究对象的变化，

从单一加强对学生的教育转变为加强和促进图书馆员、学生、教师以及学习管理层的密切合作；教育研究范围的变化，信息素养教育的研究将由图书馆学拓展到多学科的综合信息素养教育领域。

第二章 信息来源、信息价值、信息规范与信息安全

第一节 信息来源

产生信息或情报的源泉或母体可简称为信息来源或信息源。从事科学研究工作或生产管理及经营活动的组织和个人，各种图书馆、情报中心、信息中心、文献资料等都是信息源。从根本上来说，一切信息和情报都源于自然界或人类的实践活动，只有自然界和人类社会才是信息的真正源泉。文献上记录的信息只是信息传递过程中的一种存在方式或表达方式。对于大多数信息用户或读者来说，文献信息资料是获取信息常用的和主要的来源，所以习惯上就将它们称为信息源，也称为信息资源、信息来源。

一、常用术语

（一）信息

在人类社会与自然界中，从日常生活到科学研究，信息无处不在、无时不有。在社会的各个角落经常能听到"信息"二字，如人或动物的大脑通过感官能接收到的有关外界及其变化的消息就是一种信息，人与人之间的消息交换也是一种信息，人与机器之间、机器与机器之间的消息交换也是一种信息。同样，外交家注重国际关系的微妙变化、商人关心市场商情、军事家捕捉战场上的战机，这些都是人们在社会的各个角落能听到的"信息"。

信息的内涵十分广泛，并无严格定义，不同学者从不同角度对信息做出了各种定义。例如，在文献信息学中，信息往往被定义为知识内容；心理学家认为信息不是知识，知识存在于人们的大脑中，信息则存在于人们意识之外的东西，如自然界、印刷品、硬盘及空气中；在遗传学中，信息被作为一种遗传物质 DNA 的结构形式、组织方式来下定义；在管理学界，信息则被理解为管理活动的特征及其发展情况的统称。图书情报学家认为，信息可以定义事物和记录，记录所包含的信息是读者通过阅读而获得的。我国《辞海》将信息定义为："信息是指对消息接受者来说预先不知道的报道。"我国国家标准《情报与文献工作词汇基本术语》（GB/T4894—1985）对信息的定义是：

"信息是物质存在的一种方式、形态或运动状态，也是事物的一种普遍属性，一般指数据、消息中所包含的意义，可以使消息中所描述事件的不定性减少。"日本《广辞苑》将信息定义为："信息是对某种事物的预报。"美国《韦氏大辞典》将信息定义为："信息是用以通信的事实，是在观察中得到的数据、新闻和认识。"信息论的奠基人香农认为："信息是用来消除不定性的东西。"控制论专家维纳认为："信息就是人与外界互相作用过程中相互交换的内容和名称。"我国学者周怀珍认为："信息是物质和能量在空间和时间中分配的不均匀程度。"

人们从不同层次、不同侧面对信息的概念给予不同的解释，对信息赋予不同的内涵与外延，从而达到认识世界与改造世界的目的。

信息具有普遍性、传递性、时效性、共享性、客观性等属性。

（二）知识

知识是人们对客观事物存在和运动规律的认识，是人类在改造客观世界的实践中积累起来的认识和经验的总和。

《辞海》对"知识"的解释是"（知识是）人类认识的成果或结晶，包括经验知识和理论知识"。其初级形态是经验知识，高级形态是系统的科学理论。《当代科学辞典》认为：知识是一种特定的人类信息，是整个信息的一部分。

知识提供某种经过思考的判断和某种实验的结果，它是信息经过反复以及人们的加工整理而序列化后形成的。信息经过人脑的储存、识别、加工、处理及转换等形式而形成知识。人们不仅能通过信息感知世界、认识世界和改造世界，而且能将获得的信息转变成知识，成为认识和改造世界的武器。人类在接收社会和自然界的大量信息后，通过实践活动和大脑的思维活动，将这些信息结合实践活动进行分析与综合，形成新的认识。这种经过加工、孕育后的信息就成了知识。或者说，知识是同类信息的深化、积累，是优化了的信息的总汇和结晶。从外延来看，知识包含在信息之中。

知识具有实践性、规律性、渗透性及继承性等属性。

（三）情报

汉语"情报"为外来语，来自日语"情报"，主要指"信息、资讯、消息"。"情报"一词最早产生于军事领域，是战时关于敌情的报告。以后情报在不同的历史时期有着不同的含义。但是，无论"情报"一词的含义如何变化，其共同之处就是情报是指为一定目的收集和传递的有特定效用的知识。

学界认为情报是指被传递的知识或事实，是知识的激活，是运用一定的媒体（载体），越过空间和时间传递给特定用户，解决科研、生产中的具体问题所需要的特定知识和信息。

情报具有知识性、传递性和效用性三个基本属性。

（四）文献

《文献著录总则》（GB/T3792.1—1983）中将"文献"（Literature，Document）一词定义为：文献是记录有知识的一切载体。在这看似简单的定义中，实际上包含了文献的四个基本要素：第一，记录知识的具体内容；第二，记录知识的手段，如文字、图像、符号、声频、视频等；第三，记录知识的物质载体，如纸张、光盘、录像带等；第四，记录知识的表现形态，如书刊、录音带等。由此可见，人类创造并积累的知识，用文字、图形、符号、声频、视频等手段记录保存下来，并用以传播交流的一切物质形态的载体，都称为文献。

在利用文献时，人们关注的不只是文献的载体和形态，更注重文献中传递的信息、蕴含的知识。文献因其载有知识和信息才有存在的价值和意义，而知识和信息因附着于文献这一载体上，才得以保存和传递。

二、信息、知识、情报和文献的关系

综上所述，人们通过客观世界的客观信息的获取、加工等一系列思维过程，形成了反映客观事物本质和规律的具有主观性色彩的知识，并将知识以某种方式系统化地记录于某种载体上而形成文献。

简言之，信息包括知识、文献和情报，知识、文献和情报三者有相同的部分但并不完全重合。文献可以提供信息、知识和情报，但信息、知识和情报获得的方式并不完全是文献。信息是情报和知识的载体，情报是特指的专业信息。知识是信息的内核，是信息中的精华部分，信息的价值取决于其精华部分的价值。知识依存于信息，信息经过提炼和加工可成为知识；知识最终要通过信息组织方式来实现。信息经过人类的认识活动，成为已知的知识；而被传递、被激活的有用的信息就是情报。

三、文献信息资源定义及类型

文献的基本功能是存储与传播信息。文献是社会信息交流系统中重要的成分之一，它是社会文明发展历史的客观记录，是人类思想成果的存在形式，也是科学与文化传播的主要手段。正是借助文献，科学研究才能得以继承和发展，社会文明才能得以发扬光大，个人知识才能变成社会知识。文献信息资源是指用一定的记录手段将系统化的信息内容存储在纸张、胶片、磁带、磁盘和光盘等物质载体上而形成的一类信息资源。换言之，文献信息资源就是指包含信息的各种类型的文献。文献信息资源是人类最丰富、最宝贵的信息资源，也是信息量最大的一种信息资源。文献信息资源按照不同的划分方法，可以分为不同的类型。

（一）按载体形式划分

1.印刷型信息资源

印刷型信息资源是传统的、常见的信息资源，它是指通过油印、铅印、胶印等各种印刷手段将信息记录在纸张上的信息资源。其特点是使用方便、易于携带和阅读，但体积大、不易整理和保存。

2.缩微型信息资源

缩微型信息资源包括缩微胶卷、缩微平片等。缩微型信息资源指利用光学技术将信息记录在感光材料上的信息资源。其特点是体积小、易保存、存储密度高，但它的使用需要专门的设备和环境。

3.声像型信息资源

声像型信息资源包括唱片、录音带、录像带、电影、幻灯片等，它是通过专门的设备，使用声、光、磁、电技术将信息以声音、图像等形式记录下来的信息资源。其特点是直观形象，但需要专门的设备储存和记录。

4.电子型信息资源

电子型信息资源也称电子资源，它是以数字方式将图、文、声、像等信息存储在磁、光、电介质上，通过计算机、互联网或相关设备使用的，记录有知识内容或艺术内容的信息资源。电子型信息资源包括电子公告、电子图书、电子期刊、数据库等。如果这些电子信息资源能够在互联网或局域网内检索，那么它们就被视作网络信息资源。

（二）按出版类型划分

根据中华人民共和国国家标准《信息与文献　参考文献著录规则》（GB/T7714—2015），文献类型分为：普通图书、会议录、汇编、报纸、期刊、学位论文、报告、标准、专利、数据库、计算机程序、电子公告、档案、舆图、数据集及其他。下面对常见的文献类型加以说明。

1.图书

图书（Book）是一种成熟而稳定的出版物，是对已有的研究成果、生产技术、实践经验或某一知识体系的概括和论述。它的特点是内容全面系统、观点相对成熟，但它的出版周期较长，报道速度慢，具有相对滞后的缺点。图书是传播知识、教育和培养人才的主要工具。

2.期刊

期刊（Serials，Periodicals，Journal，Magazine）是一种有固定名称、有一定出版规律的连续出版物。其特点是出版周期短、报道速度快、数量大、内容丰富新颖，能及时反映当代社会和科技的发展水平和动向，因此期刊是科研人员进行研究不可缺少的信息资源。

3.报纸

报纸（Newspaper）是一种出版周期最短、发行量最大的出版物，它报道的内容极为广泛和人们的生活息息相关，是人们日常生活中最常接触到的信息资源。报纸的信息具有极强的时效性，信息量大，这也造成报纸查找的不便。

4.会议文献

会议文献（Conference Document，Conference Paper）是指发表在各种学术会议上的论文和报告。其学术性很强，往往反映了当前的学科进展和发展动态，是获取最新信息的重要来源。

5.学位论文

学位论文（Dissertation，Thesis）是指高等院校或研究机构的毕业生和研究生为取得学位而撰写的论文，学位论文根据所申请的学位不同可分为学士学位论文、硕士学位论文和博士学位论文。尤其是博士学位论文，具有相当强的创造性，所论及的内容较为专深，对科研、生产和教学有较大的参考价值。

6.专利文献

专利文献（Patent Document）主要是指实行专利制度的国家及国际专利组织在受理、审批、注册专利过程中产生的官方文件及其出版物的总称。其中，专利说明书是主体，它具有统一编号、数量大、内容丰富新颖、实用可靠以及报道迅速等特点。

7.科技报告

科技报告（Science Technical Reports）是科技人员从事某一专题研究所取得的成果和科研进展的实际记录。其特点是反映新技术较快，内容比较专深新颖，数据比较可靠，保密性较强，有相当一部分科技报告不公开发表。科技报告每份单独成册，有专门编号用以识别报告类型及其主持机构。

8.标准文献

标准文献（Standard Literature）是描述有关产品和工程质量、规格、工艺流程及其测试方法等的技术文件，是一种经权威机构批准的规章性文献，其具有一定的法律约束力。

9.产品资料

产品资料（Product Literature）是国内外生产厂商或经销商为推销产品而印发的商

业宣传品，按其内容性质大体上可以分为产品目录、产品样本、产品说明书等。该类文献直观性强、数据翔实，是宝贵的科技信息资源、商贸信息资源和竞争情报资源。

10.技术档案

技术档案（Technical Records）是指在自然科学研究、生产技术、基本建设等活动中形成的应当归档保存的图纸、图表、文字材料、照片、影片、录像、录音带等科技文件材料。其内容包括任务书、审批文件、研究计划、技术指标、技术措施、调查材料、设计计算和工艺记录等。它是科研和生产建设中积累经验、提高质量的重要依据。此类文件具有明显的保密性和内部控制使用的特点。

11.政府出版物

政府出版物（Government Publication）是各国政府部门及其所属机构所发表的各类文件，主要包括行政政策性文件和科技文件两种。

（三）按加工层次划分

1.一次信息源

一次信息源是以作者本人的科研工作成果为依据而创作的原始文献，如专著、期刊论文、科技报告、会议论文、专利文献和学位论文等，其具有新颖性、创造性和系统性等特征，参考和使用价值较高。但由于其数量多、分散而无序，给读者的查找和利用带来极大的不便。

2.二次信息源

二次信息源是将大量无序、分散的一次信息源收集、整理、加工、著录其特征（如著者、篇名、分类、主题、出处等），并按一定的顺序加以编排，形成供读者检索所需一次信息源线索的新的文献形式。这种工具性文献包括目录、题录、文摘、索引及相应的数据库。因此，其具有检索功能而称为检索工具或检索系统。

从上述定义来看，二次信息源信息是关于文献的文献、关于信息的信息，有时也称为二次信息。百度、谷歌等搜索引擎是各种数据和网页的信息集合，其功能作用等同于上述二次信息源。提供网上信息资源检索和导航服务的专门站点或服务器，它同样是对采集到的网上信息进行加工整理，建立起存储和管理网络信息的索引数据库，为用户提供网络信息检索导引。

相对于一次信息源而言，二次信息源是从分散到集中、从无序到有序、从繁杂到简约，因而具备了可查验的便捷性，用以解决读者查阅所需特定文献线索的问题。知识和信息的散乱无序性与用户使用的特定选择性之间的矛盾，一直是困扰学界的重要问题。在知识爆炸、信息泛滥的今天，这个问题愈加突出。因此，包括网上检索工具在内的二次信息源及其利用的教学，是信息检索课的核心内容。

3.三次信息源

科技人员围绕某一专题，借助于二次信息源，在充分研究与利用大量一次信息源的基础上，经过阅读、分析、归纳、概括撰写的新的信息源即三次信息源。它们或综述已取得的成果进展，或加以评论，或预测发展趋势，形式有综述（Review）、述评（Comment）、进展（Advance，Progress）、现状（Update）、发展趋势（Developmental Trend）等期刊文献和百科全书、年鉴、手册等参考工具书。许多学术期刊上辟有综述栏目，而且专门刊载三次信息源的综述性期刊也越来越多。

与一次信息源的产生有所不同的是，三次信息源是以现有一次信息源中的知识信息为基本研究素材，对其进一步加工、整理、重组，使之成为更加有序化的知识信息产品。但由于其同样融入了作者的智力劳动，所以它和一次信息源一样同属智力产品，三次信息源具有信息含量大、综合性强和参考价值大等特点，读者不必大量阅读一次信息源，就可借此比较全面地了解某一专题、某一领域当前的研究水平和动态。

4.零次信息源

零次信息源指未经信息加工，直接记录在载体上的原始信息，如实验数据、观测记录、调查材料等。这些未进入正式交流渠道的信息，往往反映的是研究工作取得的最新发现，或是遇到的最新问题，或是针对某些问题的最新想法，等等，而这一切是启发科研人员形成创造性思维的最佳思维素材。

四、信息源的变迁

互联网使信息的采集、传播的速度和规模达到空前的水平，实现了全球信息共享与交互。现代通信和传播技术，大大提高了信息传播的速度和广度，克服了传统的时间和空间障碍，将世界更紧密地连为一体。数字化信息资源开始占据主要位置，社交网络、自媒体、全媒体化的出现，使得信息来源更具便利性、多样性和复杂性，对人们的信息获取、利用、交互、创造等信息活动全过程都产生了巨大影响。

上述因素和变化使信息源也产生了极大的变化，包括信息资源数字化不断推进；各种数据类型日益整合，出现了很多大型数据库商；信息来源日益多元化，搜索引擎占据着信息入口的重要位置；非营利组织在信息采集和提供方面做了大量工作，免费资源不断增多，为人们的利用带来了极大的方便；Web2.0催生了各种新技术的应用，对知识和信息的搜索、揭示已经可以深入知识单元；信息的巨大数量使得一站式搜索和获取势在必行；面向移动环境、移动端的信息应用，广为人们所喜爱和接受。信息资源与信息服务更为密切地结合，出现合二为一的发展趋势。

五、文摘和综述等信息资源

如前文所述，二次信息源是人们对一次信息源进行加工、提炼或压缩之后得到的产物，它是人们为了便于管理利用一次信息源而编制和累积起来的工具性信息源，这种工具性文献包括目录、题录、文摘、索引等。三次信息源是对有关领域的一次信息源和二次信息源进行广泛深入的分析、综合后得到的产物，如各种综述、述评、学科总结、百科全书、年鉴、手册、文献指南等。它们都是常用的工具性文献，主要介绍以下几种：

（一）文献目录

文献目录（Bibliography）是一批相关文献的著录集合，用以报道文献的出版信息或收藏信息。文献目录通常以一个完整的出版或收藏单元（如一种书、一种刊等）为著录的基本单位，即以文献的"种""本"或"件"为报道单元。它对文献信息的描述比较简单，以图书的目录（一般简称为书目）为例，每个记录条目的著录项（Elements）有：书名、卷（期）数、作者、出版地、出版社、出版时间及收藏情况等。

常用的文献目录包括馆藏目录和联合目录。图书馆的藏书目录，也称馆藏目录，它是反映某个图书馆的藏书情况，帮助读者查找和借阅图书的工具。

联合目录，是指由一批图书馆合作编制的综合反映各成员馆书刊收藏情况的目录，如图书联合目录、期刊联合目录等。它在开展馆际互借、实现信息资源共享和发挥众多图书馆的整体作用等方面有重要的作用。读者可以利用它来了解某一国家或地区的信息资源分布情况，如 CALIS 联合目录公共检索系统。

（二）题录

题录（Titles）是将期刊、报纸等文献中的论文和文章的篇目或者图书中的章节，按照一定的排检方法编排，供人们查找篇目出处的工具。题录通常按"篇"报道，具有广泛、全面、快速的特点，一般按照论文或章节的名称顺序排列。题录的著录项通常包括篇名、著者（或含其所在机构）和原文出处等。

题录记录是描述某一特定文献外部特征的一条记录，它为人们了解有关文献的存在情况和鉴别出版物提供简略的数据或信息。它与文摘的主要区别是文摘不仅要对文献的外部特征做出完整的描述，而且还要对其内容特征作简要的描述；而题录只描述文献的外部特征，对文献的分析只限于表层，简单易读。在文摘款目中，题录是其中的一部分。

（三）文摘

文摘（Abstract）是以最简练的文字概括文献的特征，不仅描述文献的外表特征，而且还揭示文献的内容特征，是带有摘要内容的、扩展的题录。它比题录多出摘要等部分。

根据摘要内容的详细程度，文摘可分为指示性文摘和报道性文摘两种：

指示性文摘，是原文的简介，一般在100字左右，有的仅一句话。

报道性文摘，是原文的浓缩，一般在200~300字，或更多字数。其基本上能反映原文的技术内容。报道性文摘信息量大，参考价值高。

（四）索引

索引（Index）指将文献中具有检索意义的事项（可以是人名、地名、词语、概念或其他事项）按照一定方式有序编排起来以供检索的工具。

在手工检索工具中，索引通常是将书中的内容或项目分类摘录，标明页数，按一定次序排列，附在一书之后，或单独编印成册，以便读者查阅。在数据库等检索工具中，索引是对数据库表中一列或多列的值进行排序的一种结构，使用索引可快速访问数据库表中的特定信息。

（五）综述与述评

综述是对某一领域或研究课题的有关情报进行归纳、整理、分析、加工制作后形成的一种综合报告，其系统阐述该领域的内容、意义、历史、现状和发展趋势。综述又称综述报告或文献综述，它的主要特点是，作者主要对现有文献进行客观的归纳和综合，一般不加以评论，其资料搜集得比较全面，讨论的问题比较集中、具体。其主要读者是研究人员、管理决策者。

述评是对某一领域、研究课题或成果的水平、现状、发展动向及影响进行全面而系统的分析评价。其内容一般包括三部分：综述部分、分析评价部分、建议或意见部分。评述一般先交代问题的原委，继而对现有文献资料进行分析归纳，对有关的理论、假说、技术方法或成果加以评议和对照比较，从中提炼出新的概念和信息。它既是现有知识的综合，又有评价和预见。其主要特点是作者在综述的基础上提出自己的观点、看法和评价。

综述和述评具有信息整理、鉴别和压缩传递以及预测功能。其作用主要表现在以下几点：一是帮助人们了解有关领域的发展概况和趋势，用很小的代价获得重要的信息源；二是为确定研究方向和课题、制订各种计划和策略提供比较可靠的依据；三是为科学评价研究成果提供参考依据。同时，综述和述评是经过多次加工和压缩的情报，其内容的可靠性和观点的科学性必然会受到作者学识水平和心理素质的制约，因此使用者不能盲目相信和过分依赖这种信息源，不能完全用它代替一次信息源和二次信息源。

第二节 信息价值

信息是一种非常有价值的资源，人类社会中的一切活动都离不开信息。信息具有价值性特征，即利用信息资源能为使用者的决策活动提供支持并产生价值。信息不仅是沟通交流、认识世界、教育传播的产物，也是一种财产和商品，具有交换及使用等多维价值，蕴含着巨大的法律效益和社会经济效益。

信息的价值在于它能向物质转化。信息的价值一般可以按所付出的必要社会劳动来计算，也可以按使用信息所产生的效果计算。信息所得收益越大，其价值也就越大。

一、信息价值的内涵

通常，事物所具有的能够满足人类某种需要的属性叫价值。信息的价值，一般被看成它的实用属性，即对信息使用者来说，信息对达到具体目标的有益性。信息的价值既决定于用户对信息需要的程度，也决定于其能否充分发挥其作用。只有既需要而又能发挥其作用的信息，才是有价值的信息。

信息是有价值的，但其价值必须通过信息管理者的行动才能实现。信息的价值有伸缩性，可能很大，也可能很小，还可能是负价值，关键在于信息管理者如何行动和采取行动所需的时间。信息的价值可能是直接的，即针对某个信息采取了行动就能取得效益；也可能是间接的，即需要对信息进行处理后才能发现其价值。例如，每天的商业广告可能没有直接价值，但通过长期积累、分析后就可以看出商品的生产、供应形势等重要信息。

这里的"价值"是一个十分模糊的概念。一般来说，人们难以决定某一信息价值的大小，因而有必要对"信息价值"做进一步探讨。因为价值决定使用，所以这一探讨具有重要的实际意义。

（一）信息的总体价值（绝对价值）与使用价值（相对价值）

信息价值的讨论，要有明确的对象及条件：一方面，信息对于任何观察者都具有同一数值的绝对性；另一方面，对于不同的接收者，又具有不同数值的相对性。并且，同一信息对同一用户的价值也会随时间的变化而变化。例如，爱因斯坦的相对论，一方面，对于物理学家来说，其价值比对一个普通人要大得多；另一方面，相对论从提出之时到现在，其价值已经发生了变化。可见，讨论信息的价值须在一定范围内进行。

B.C.布鲁克斯曾经指出："向他人提供的信息，必须适合其知识结构，因为这是信息使用者有可能了解该信息的正确性和成熟性的一个条件。"这就是说，要从用户对信息的认识角度来讨论信息的价值。

1.信息的总体价值

信息的总体价值又称为信息的绝对价值或总体使用价值。按米哈依洛夫的说法，要从绝对真实的社会认识角度来讨论的信息价值，而不是考虑完全由利用这一信息的具体条件和对象所决定的具体价值。这一价值只能用全人类的认知结构进行衡量。

2.信息的使用价值

信息的使用价值又可称为信息的相对价值，它是信息对于某一用户的利用价值，即以用户的认知结构来衡量用户的信息交流与信息利用价值。同时，这一价值还受用户使用条件的限制。可见，同一信息尽管总体价值是一定的，然而对于不同的用户，在不同的使用条件下，它却有不同的使用价值。

（二）信息的总体价值（绝对价值）与使用价值（相对价值）的关系

信息的总体价值（绝对价值）与使用价值（相对价值）存在一定的关系。一般来说，信息的绝对价值不大，则对于多数用户的相对价值不大。这是由于绝对价值是对于社会整体而言的，而相对价值是对于组成社会的个体而言的。值得注意的是，信息的价值（包括总体价值和使用价值）是一个变量，它随着人类社会及用户个体认知结构的变化而变化。

事实上，用户对信息的认知是吸收信息的先决条件，而信息对用户的作用将改变用户的认知结构，由此体现信息的价值。E.C.托尔曼指出，在认知过程中，主体（用户）获得的代表外部环境的表象，如同地图可以代表地形一样，将作用于主体（用户）的头脑。如果主体（用户）对此是未知的，将扩充其认知结构；如果是部分未知的，将部分改变认知结构。

以上所说的"认知"，包含"认识"与"知识"。科学信息作用于用户，其主要作用是改善用户的知识结构；一般的消息型信息，由于并不一定扩充用户的知识，其主要作用是向用户提供未知的消息，改变的是用户对信息所反映的事件的认识。

二、信息价值的量度

信息总体价值与使用价值的测量是一个复杂的问题。从理论上看，信息的价值可以用使用者（社会大众、团体或个体用户）的认知结构来衡量。对于科学信息而言，主要用"知识结构"来衡量。事实上，客观知识结构就是一个知识库，用户使用科学信息的目的是扩充"知识库"。为了理解和进一步利用科学信息，用户应具有一定的知识储备。A.史列捷尔将这一知识储备用"词库"来描述，即用"词库"来表示人们的知识结构。

（一）信息使用价值的变化

信息的使用价值包括它的实际使用价值和潜在使用价值两部分。信息使用价值的变化，一是信息价值中的实际使用价值与潜在使用价值之间的转化，二是信息使用价值的衰减。

1.信息的实际使用价值与潜在使用价值的转化

信息的实际使用价值简称为实用价值，其是指在目前条件下它对于用户的使用价值；而用户目前不能利用的信息实体所具有的使用价值称为信息的潜在使用价值。显然，信息的实用价值和潜在使用价值都属于信息的使用价值。如果某一信息对于用户既存在目前可以利用的部分，又存在暂时不能利用的部分，那么该信息便同时存在实用价值和潜在使用价值，二者的和即为信息的使用价值。

这里需要注意的是，信息对用户的实用价值并不是用户利用信息以后才存在的，而是对用户固有的一种当前实用价值，其由用户的知识结构和使用条件决定。

信息对于用户的实用价值和潜在使用价值可以互相转化。例如，人类历史上一些重大的科学发明无疑有着巨大的使用价值，但由于当时各方面条件的限制却没有立即被人们利用，因此在相当长的时期内表现为潜在使用价值，直到人们具备利用这些信息的条件时，其潜在使用价值才转化为实际使用价值。对某一用户而言，信息的实用价值也可能转化为潜在使用价值。

某一信息对于用户具有实际使用价值的条件主要包括两个方面：

一方面是充分条件。其主要指用户的知识结构和水平与信息内容相匹配的条件，即用户具有使用信息的能力。此外，用户的心理需求在客观上应与信息相适宜。

另一方面是必要条件。信息内容应包括在用户的信息需求中；同时，用户具有接触信息的可能性。

上述两个条件也适用于信息的潜在使用价值向实用价值转化的过程。

2.信息使用价值的衰减

一般说来，信息问世以后其价值都会逐渐减少，这种信息价值逐渐减少的现象称为信息使用价值的衰减。

信息使用价值衰减的一种情况是信息使用后的价值减少。信息一经用户使用，其使用价值将会发生变化；如果被所有用户完全吸收，其总使用价值将变为零。这里有两点需要注意：

第一，信息要被所有可能的用户利用，要被利用它的用户完全吸收。实际上，任何信息都不可能在运动过程中完全满足这两个条件，消息经用户使用后可能仍保持一定的参考价值。因此，信息的总体价值会逐渐减少，直至完全消失。

第二，信息还存在多种形式的衰减，包括信息经过用户使用后，其使用价值逐渐衰减；信息未经使用，但为新的信息所超越；信息内容已经包含在其他更新的、更适用的信息中；用户通过其他途径改变了自己的知识结构；信息所属学科或领域的地位下降；信息内容过时（特别是消息型信息）等。

信息使用价值的衰减是一种客观规律，是自然界和社会发展规律的体现。半衰期和普赖斯指数可用作衡量指标。

（1）半衰期。1960年，R.E.巴尔顿和R.W.凯普勒从用户使用科技文献的角度出发，提出了"科技文献半衰期"这一科技文献价值衰减的指标（或称"科技文献老化"指标）。"半衰期"的概念来源于放射性物质核衰变的研究，其定义为放射性元素的原子核因衰变而减少到原来的一半所需要的时间。应用于文献研究中则表示现在被利用的全部文献的一半的最近发表时间。例如，假设目前用户所使用的50%左右的物理文献是在最近4~6年发表的，则物理文献的半衰期为4~6年。半衰期还可以反映信息价值衰减的速度，因而可以直接用来描述信息使用价值的衰减情况。人们可以通过统计用户所需文献信息的数量，粗略地计算某领域信息的半衰期；同时也可以采用跟踪调查法，直接估算某些具体信息的半衰期。

（2）普赖斯指数。1971年，美国科学家D.普赖斯提出了一个衡量各种知识领域的文献老化指标。他认为，"有现时作用"的引文数量与"档案性"引文数量的比例是比引文的"一半生命期"更重要的特征。他将不晚于5年的文献引用数量与总的引文数量的比例作为一个指数。该数值可以宏观地和微观地用来表示某一学科领域、某一期刊、某个研究所，甚至是某人的某一篇文献的价值变化。"档案性文献"的普赖斯指数的数值为22%~39%，"有现时作用"的文献则为75%~80%，各学科的总平均值为50%。普赖斯指数显示了文献的利用情况。由于它的广泛适用性，该指数可以用来描述任何信息的使用情况和价值变化。

（二）信息实用价值的分析

信息实用价值即信息价值中的实际使用价值，其定性分析包括以下三个方面：

第一，信息正确性与可靠性的分析。信息（特别是科技信息）的正确性与可靠性是衡量其有无价值的必要条件，某一信息如果缺乏这两个方面就失去了使用价值。在信息的正确性与可靠性分析中可采用逻辑思维的分析方法。

第二，信息水平的衡量。信息的水平，很难用一个统一的标准去衡量。在一般情况下应根据以下标准衡量：信息产生的时间，内容的新颖程度，在某领域的地位，总体利用情况。

第三，信息对于用户的适用性分析。信息对用户的适用性是确定其实际使用价值的重要标准，主要包括：分析信息所含知识与用户知识结构的关系，确定信息与用户目前工作的相关性，分析信息对用户可能产生的作用，分析用户的心理状态对吸收信息的影响。

三、信息价值的评价

在信息获取的过程中始终伴随着鉴别与评价信息的问题。信息世界很容易干扰人们的注意力，因而有效鉴别与评价所获得的信息，对人们来说尤为重要，这是利用信息的前提。当前信息传播渠道和信息媒体类型呈多样化，人们基于信息需求和使用环境，对所获得信息资源的可靠性、权威性、有效性及学术价值等进行评价是普遍的信息活动。

例如，互联网具有海量的学术文献，但并非所有的文献都能对研究者提供帮助。对于研究者来说，能否获得有学术价值的文献，对其是否能在高起点上进行研究至关重要。一般而言，评估与判断信息的价值，可以从信息的来源、信息的价值取向以及信息的时效性等多个方面对信息价值进行判断。人们需要了解对信息进行鉴别和评价的基本原则和方法，学会以批判性思维和眼光进行评价，使得信息能够为研究提供帮助。

（一）信息鉴别与评价的基本认识和知识技能

信息鉴别与评价的基本认识和知识技能主要体现在以下几点：

第一，信息内容的可靠性与权威性与信息源和生产者相关。

第二，研究、创造、修改和传播信息的过程不同，生产者专业水平的差异，都会影响最终的信息产品价值和权威性。

第三，不同使用者对于信息价值的判断是有差异的，信息价值的评价标准并非唯一。例如，一份提供了购书网站潜在客户的名单，对于经营图书音像类产品的企业是有价值的；而对于一个餐馆业主来说，其价值基本为零。因此，信息仅对能满足其期望的人有价值可言。

第四，不同使用情境也产生不同的评价结果。

第五，能够对不同阶段、不同呈现形式的信息产品的价值质量做出判断，并结合自身信息需求，选择利用各种信息中间产品或最终产品。

第六，权威是一个学科或团体内被认可或起重要作用的影响因素，了解如何去确认权威，会使用相关的标准、指标等研究工具去寻找、发现权威的观点和意见；同时对产生权威的体系及其创建的信息持保留态度；了解可能影响信息价值判断的相关因素，如出版物类型、作者水平、不同的思想流派和学科范式等，并意识到为树立和形成自己的权威声音。权威在信息生产过程中应努力承担相关责任，包括追求准确和可靠、尊重知识产权和遵守学术规范等。

（二）信息鉴别与评价的行为方式和常用方法

使用者要能够认识到对信息内容进行客观评价的重要性，可以激励自己找到权威的信息来源；在进行信息评价时要有批判精神，能意识到自己的认识角度、世界观和可能的偏见会对评价结果产生影响；敢于质疑传统的价值判断标准，对权威的推崇保持开放的心态，尊重多元价值观，包容不同观点；经常对自己的信息评价态度和行为进行自我反省；努力发现与信息创造过程相关的信息产品的特点，重视找到与信息需求相匹配的适当的信息产品形式。

信息鉴别与评价主要有以下几种方法：

1.从信息的来源鉴别信息

从信息的来源鉴别信息的方法主要有以下几种：

（1）判断信息来源是否具有权威性，是否真实可靠。

（2）查看信息的来源，判断信息的要素是否齐全。

（3）使用逻辑推理、查阅、调查的方法进行考察和深入调查。

（4）信息的来源是否来自权威部门。

（5）判断信息中涉及的事物是否客观存在、构成信息的各种要素是否真实，与同类信息进行比较。

（6）研究此信息是否具有代表性、普遍性。

（7）实地考察。

（8）学会分析和鉴别，去其糟粕，取其精华。

2.从信息的时效性鉴别信息

在信息来源都可靠的前提下，还要判断信息的时效性。判断方法如下：

（1）对突发性或跃进性的事实，在第一时间内做的报道，具有很强的时效性。

（2）渐进性的事实，应在事实变动中找到一个最新、最近的时间点来判断时效性。

（3）过去发生的事实、新近才发现或披露出来的事实，可以通过自己得到信息的最新时间和寻根探源的方法加以弥补。

3.从信息的价值取向、情感成分鉴别信息

信息对于每个人的价值各不相同。如社会角色不同、知识背景不同、生活经历不

同等决定了信息的价值取向的多样性。一个人不可能接受所有的信息，他只关心与自己相关的信息，因为这些信息对他来说是有价值的。在日常生活中所获取的信息对人们来说有的有用，有的无用；有的真实，有的虚假。

4.从信息的可信度鉴别信息

21 世纪，世界各国人民对于信息的需求量之大，是之前任何时代都无法比拟的。政府需要统计资料来进行宏观调控，工厂需要市场数据来规划生产，人们需要医疗信息来保障健康。正确的信息帮助人们更好地安排生产和生活，错误的信息导致人们出现损失。因此，区别信息的真伪、确定信息的可信度，是一个重要的和广泛的话题。计算机领域、人文学领域、心理学领域等各领域的专家和学者从 20 世纪就开始对此进行大量和深入的研究。

一条可靠的信息因为其没有歧义、偏颇和失实而令人信服。可信度的对象通常是信息源、信息结构和内容以及传播的媒介。

第三节 信息规范

个体在参与信息活动的过程中，既有自由获取、交流和利用信息等的权利，也有遵守信息道德、伦理、规范和法规的义务。

一、学术写作中的引用规范

任何研究和创新都基于前人研究的基础，在学术论文写作中都会引用他人文献，人们也越来越多地意识到学术引用的伦理规则的重要性。根据学者研究，引用规范体现在以下几点：

（一）引用应体现学术独立和学者尊严

学者在学术写作的过程中，应当在各个环节遵守学者的职业伦理，需要对学术研究事业心存敬畏。在引用环节上，所有征引文献都应当受到必要的质疑。

（二）引用必须尊重作者原意

无论是作为正面立论的依据，还是作为反面批评的对象，引用都应当尊重被引用者的原意，不可曲解引文。首先是作者表意的过程是否能够达到最初目的，其次是任何理解都是在读者与文本之间的互动中产生的，读者本身的价值预设会投射到文本之上，使文本相同，意义却因人而异。

要做到尊重作者原意，可以通过研究和交流而理解。通过前人的解读和研究，消除误解，作者本意可以为人们所认知。并且，以尊重作者原意的心态进行引用，可以减少误解。

（三）引用的观点应尽可能追溯原创者

建立在前人研究基础上的著作，需要对此前研究尤其是一些主要观点的发轫、重述或修正过程有清晰的把握。否则，不仅歪曲了学术史的本来面目，而且也可能使得观点被歪曲。对于思想或学术谱系的认真梳理、清楚地区别原创与转述，是一个研究者的基本功。通过引文，作者的基本功是否扎实往往可以清楚地显示出来。

（四）引用应注意便于他人核对引文

不少文献存在着不同版本，不同版本之间在页码标注甚至在卷册划分上都不一致。因此，如果引用者不将所引文字或观点的出处标示清楚，势必会给读者核对原文带来不便。

（五）引用应尽可能保持原貌

为了节省篇幅，或使引文中某个事项为读者所理解，引用者可以进行一定限度的增删。通常增加的内容应以夹注的方式注明，删节则通常使用省略号。删节之间，引用者应避免令读者对引文原意产生误解。

（六）引用应以必要为限

学术研究须具有新意，引用是为了论证自己的观点。因此，他人文字与作者本人文字之间应当保持合理的平衡，要避免过度引用，尤其是过度引用某一个特定作者。

（七）引用已经发表或出版修订版的作品应以修订版为依据

在作品发表之后，作者又对作品进行修订，或者改变发表形式时（如论文收入文集）进行修订。修订意味着作者对原来作品的观点、材料或表述有修改和补充，因此代表着作者最新的看法或思想。不过，这条规则有一个限制，如果引用者所从事的恰好是对于特定作者学说演变的研究，则引用此前各种版本便是必要的。

（八）引用未发表的作品须征得作者或相关著作权人的同意

学术研究中需要引用尚未公开发表的手稿、学位论文、书信时，除非只是提供相关文献的标题、作者等技术信息，否则对于正文文字的引用必须征得作者或著作权人的同意，这是为了确保尊重作者对某些不希望披露的信息的保留权利。尤其是私人书信，未经同意的发表则侵犯其隐私权，因此引用时更需慎之又慎。另外，由于引用可能先于被引用作品发表，过度引用也可能导致原作的内容过分公开，从而损害被引用作品发表的价值，因此有必要对此类引用进行更严格的限制。

（九）引用应以明显的标识标注

引用通常有直接引用与间接引用两种：直接引用需要使用引号；间接引用应当在正文或注释行文时明确向读者显示其为引用。引用多人观点时应避免笼统，使读者可以清楚区分不同作者之间观点的异同。直接引文如果超过一定数量，则应当通过技术方式使其更清晰地显示出来。

（十）引用须以注释的形式标注真实出处

引用不规范常常表现为注释中的出处信息的虚假，例如为掩盖转引，标注为直接引用。另外，近年来一些作者引用译著时却标注原文版。将转引标注为直引，将自译著的引文标注为来自原著。这不仅是学术不诚实的表现，而且也是对被转引作品的作者以及译者劳动的不尊重。

二、参考文献的著录规则

中华人民共和国国家标准《信息与文献 参考文献著录规则》（GB/T 7714-2015）于 2015 年 12 月 1 日起实施。该标准规定了各个学科、各个类型信息资源的参考文献的著录项目、著录顺序、著录用符号、著录用文字、各个著录项目的著录方法以及参考文献在正文中的标注法，其适用于著者和编辑著录参考文献。具体内容主要有以下几点：

（一）部分常用文献类型的著录规则

1.专著（普通图书）

普通图书著录格式如下：

主要责任者.题名：其他题名信息［文献类型标识/文献载体标识］.其他责任者.版本项.出版地：出版者，出版年：引文页码［引用日期］.获取和访问路径.数字对象唯一标识符.

示例：燕今伟，刘霞.信息素质教程[M].武汉：武汉大学出版社，2019：120-122.

2.连续出版物中的析出文献

连续出版物中的析出文献其著录格式如下：

析出文献主要责任者.析出文献题名［文献类型标识/文献载体标识］.连续出版物题名：其他题名信息，年，卷（期）：页码［引用日期］.获取和访问路径.数字对象唯一标识符.

示例：杨汝岱.中国制造业企业全要素生产率研究[J].经济研究，2019（2）：61-74.

3.专利文献

专利文献著录格式如下：

专利申请者或所有者.专利题名：专利号［文献类型标识/文献载体标识］.公告日期或公开日期［引用日期］.获取和访问途径.数字对象唯一标识符.

示例：袁柳，徐明，周造文，吴小亚.一种模锻件单面薄壁结构梁类零件变的补偿法加工方法：CN106312475A[P].2017-01-11.

4.报纸中的析出文献

报纸中的析出文献的格式为：

作者.题名[N].报纸名称，出版年份-月-日（版次）.

示例：汪瑞林.MOOCs辨析与在线教育发展[N].中国教育报，2019-01-04（3）.

5.学位论文

学位论文著录格式为：

作者.题名[D].培养单位所在地：培养单位，出版年：页码.

示例:马晨.中国跨境电商的发展现状及今后对策研究[D].对外经济贸易大学,2019.

6.会议文献

会议析出文献著录格式为：

析出文献主要责任者.析出文献题名[C或G]//会议录、汇编作品主要责任者.会议录、汇编作品题名：其他题名信息.版本项.出版地：出版者，出版年：析出文献的页码.

示例：王细荣，韩玲.学术研究视野下的高校文献检索课——上海理工大学"文检课"的设置理念与配套教材述要[C]//孙济庆.信息社会与信息素养：2010全国高校文献检索教学研讨会论文集.上海:华东理工大学出版社，2010：317-321.

7.标准文献

标准文献著录格式为：

主要责任者.标准名称：标准号[S].出版地：出版者，出版年：页码.

示例：全国信息与文献标准化技术委员会.文献著录：第4部分非书资料：GB/T3792.4—2009[S].北京：中国标准出版社，2010：3.

8.电子资源

电子专著、电子专著中的析出文献、电子连续出版物、电子连续出版物中的析出文献以及电子专利的著录项目与著录格式分别按对应文献类型的有关规则处理。除此以外的电子资源按以下规则著录：

主要责任者.题名：其他题名信息[文献类型标识/文献载体标识].出版地：出版者，出版年：引文页码（更新或修改日期）[引用日期].获取和访问途径.数字对象唯一标识符.

（二）顺序编码制和著者-出版年制

参考文献表可以按顺序编码制组织，也可以按著者-出版年制组织。引文参考文献既可以集中著录在文后或书末，也可以分散在著录页下端。阅读型参考文献著录在文后、书的各章节后或书末。

顺序编码制是按正文中引用的文献出现的先后顺序连续编码，将序号置于方括号中。如果顺序编码制用脚注方式，则序号可由计算机自动生成圈码。参考文献表采用顺序编码制组织时，各篇文献应该按正文部分标注的序号依次列出。顺序编码制为我国科学技术期刊所普遍采用。

正文引用的文献采用著者-出版年制时，各篇文献的标注内容由著者姓氏与出版年构成，并置于"（）"内。参考文献表采用著者-出版年制组织时，各篇文献首先按文种集中，可分为中文、日文、西文、俄文、其他文种等五部分；然后按著者字顺和出版年排列。中文文献可以按著者汉语拼音字顺排列，也可以按著者的笔画笔顺排列。

（三）数字对象唯一标识符

在著录项目的设置方面，为了适应网络环境下电子资源存取路径的发展需要，标准新增了"数字对象唯一标识符"，以便读者快捷、准确地获取电子资源。

数字对象唯一标识符（Digital Object Unique Identifier，简称DOI），是针对数字资源的全球唯一永久性标识符，其具有对资源进行永久命名标志、动态解析链接的特性。

参考文献的获取和访问路径中不含数字对象唯一标识符时，可依原文如实著录数字对象唯一标识符。否则，可以省略数字对象唯一标识符。

三、信息活动的权利和义务

个人不仅是信息的消费者，同时也是信息产品的生产者和信息市场的贡献者。人们一方面通过网络和各种渠道获取信息，另一方面通过各种方式不断地生成和发布信息。在从事信息活动的过程中，人们应该理性地认识信息活动的权利和义务。

（一）信息活动的自由性和约束性

信息和知识是自由的，网络访问和使用也有很高的便利性和自由性，但这并不意味着人们在信息活动过程中是毫无约束的。其前提是秉持学术自由的精神以及严格的自律及道德约束。

（二）信息活动要具备知识产权保护意识

1.知识产权的概念

知识产权也称为知识所属权，是指权利人对其智力劳动所创作的成果所享有的专有权利，是依照各国法律赋予符合条件的著作者以及发明者或成果拥有者在一定期限内享有的独占权。知识产权分为工业产权和著作权两大类。

工业产权是指人们依法对应用于商品生产和流通中的创造发明和显著标记等智力成果，在一定地区和期限内享有的专有权。

专利权是指依法授予发明创造者或单位对发明创造成果独占、使用、处分的权利。专利权的主体是指有权提出专利申请和专利权，并承担相应的专利义务的人，包括自然人和法人。我国专利权的客体是发明、实用新型和外观设计。专利权人的权利有：独占实施权、许可实施权、转让权、放弃权、标记权。专利权人的义务包括实施专利的义务、缴纳年费的义务。

商标是为了帮助人们区别不同的商品而专门有人设计、有意识地置于商品表面或其包装物上的一种标记。商标权是指商标使用人依法对所使用的商标享有的专用权利。商标权的主体是申请并取得商标权的法人或自然人。商标权的客体是经过国家商标局核准注册、受商标法保护的商标，即注册商标，其包括商品商标和服务商标。商标权人的权利有使用权、禁止权、转让权、许可使用权；商标权人的义务有保证使用商标的商品质量，负有缴纳规定的各项费用的义务。

著作权，也称版权，是公民、法人或非法人单位按照法律享有的对自己文学、艺术、自然科学、工程技术等作品的专有权，对文字著作和艺术品的印刷、销售、演出、摄影、录音等方面的专有权。著作权的主体指著作权权利的所有者，即著作权人，包括作者及继承著作权的人、法人或非法人单位、国家。著作权的客体指受著作权保护的各种作品。可以享受著作权保护的作品，涉及文学、艺术和科学作品，它是由作者创作并以某种形式固定下来能够复制的智力成果。著作权的权利包括人身权和财产权。人身权包括发表权、署名权、修改权、保护作品完整权。财产权包括使用权、获得报酬权。

知识产权由人身权利和财产权利两部分构成，也称为精神权利和经济权利。人身权利是指权利同取得智力成果的人的人身不可分离，是人身关系在法律上的反映。例如，作者在其作品上署名的权利，或对其作品的发表权、修改权等，也称为精神权利。财产权是指智力成果被法律承认以后，权利人可利用这些智力成果取得报酬或者得到奖励的权利，这种权利也称为经济权利。

2.知识产权法

知识产权法是指因调整知识产权的归属、行使、管理和保护等活动中产生的社会关系的法律规范的总称。我国现有的一系列知识产权的法律中，专利法方面主要有《中华人民共和国专利法》，商标法方面主要有《中华人民共和国商标法》，著作权法方面主要有《中华人民共和国著作权法》。另外，还有《中华人民共和国合同法》和《中华人民共和国反不正当竞争法》等。

与知识产权法相关的法规条例有《专利审查指南》《中华人民共和国商标法实施条例》《驰名商标认定和保护规定》《信息网络传播权保护条例》《计算机软件保护条例》《广播电视管理条例》《音像制品管理条例》《出版管理条例》《中华人民共和国植物新品种保护条例》《地理标志产品保护规定》《地理标志产品专用标志管理办法》《农产品地理标志管理办法》《农产品产地安全管理办法》《中国名牌农产品管理办法》等。

相关的国际条约有《保护工业产权巴黎公约》《保护文学和艺术作品伯尔尼公约》《专利法条约》《专利法条约实施细则》《世界知识产权组织版权条约》《世界知识产权组织表演和录音制品条约》《保护表演者、音像制品制作者和广播组织罗马公约》《视听表演北京条约》《商标法新加坡条约》《商标法新加坡条约实施细则》等。

（三）信息活动要尊重和保护知识产权

在了解知识产权和知识产权法的基础上，尊重知识产权，以法律来保护和约束自己的信息活动和信息行为，这也是公民的权利和义务。理解版权的合理使用，理解开放获取和公有领域等概念的意义及特征，合理利用他人的信息产品和成果；尊重他人的原创观点，对他人在知识生产中所付出的技能、时间和精力给予充分重视。

（四）信息活动维护自身的合法权益

数字化的信息具有快速的传递能力和几乎无成本的复制能力，再加上互联网和社交媒体的发达，信息在公开网络上一经发布，即可扩散至全社会甚至全世界，可以被所有网络用户看到和获取。因而，人们应该意识到，在线交互可能会对信息的生成、获取、传播产生影响，包括对自己的、他人的、熟人的、陌生人的、社区的、社会的乃至对全世界的影响，而且是难以消除的。此外，也存在着个人信息商品化、个人隐私保护、个人信息不当使用等问题。互联网是一把双刃剑，既可以发生正向作用，也会产生负面影响，既要尊重他人的隐私权和知识产权，也要积极维护自身的相关权利，避免个人相关信息被滥用、盗用、恶意利用，从而损害自身、他人和社会的合法权益。

第四节 信息安全

一、信息安全概述

（一）信息安全概念

信息作为一种资源，它的普遍性、共享性、增值性、可处理性和多效用性，使其对人类具有特别重要的意义。信息的泛在化虽然给人们带来了便利，但也具有其破坏性的一面。因此，保障信息安全，是不可忽视的重要问题。

信息安全是指信息系统（包括硬件、软件、数据、人、物理环境及其基础设施）受到保护，不因偶然的或者恶意的原因而遭到破坏、更改、泄露；系统可以连续、可靠、正常地运行。

信息安全的实质就是要保护信息系统或信息网络中的信息资源免受各种类型的威胁、干扰和破坏，即保证信息的安全性。根据国际标准化组织的定义，信息安全性主要是指信息的完整性、可用性、保密性和可靠性。

信息安全本身包括的范围很广，如防范商业企业的机密泄露、防范青少年浏览不良信息、防范个人身份信息的泄露等。

狭义的信息安全建立在以密码论为基础的计算机安全领域，我国早期信息安全专业通常以此为基准，辅以计算机技术、通信网络技术与编程等方面的内容；广义的信息安全是综合性的，从传统的计算机安全到信息安全，不只是名称的改变，也是对安全发展的延伸，安全不再是单纯的技术问题，而是管理、技术、法律等问题相结合的产物。

（二）信息安全常见类型

信息安全包括网络信息安全、国家信息安全和文化安全等。

网络信息安全主要包括线路连接的安全、网络操作系统安全、权限系统安全、应用服务安全、人员安全管理等几个方面。通过安装能保证安全的相关软件、硬件和设置相关权限管理等手段，可以提高网络系统和信息系统的安全性，降低各类风险，及时掌握网络信息系统中存在的信息安全问题，发现安全问题和攻击行为，并有针对性地做出相对应的处理措施。

国家信息安全包括国家军事政治机密、商业企业机密、个人私有信息机密等。网络环境下的安全体系是保证网络信息安全的关键，包括操作系统、安全协议、数字签名、信息认证、数据加密等，其中任何一个漏洞都可能威胁到国家信息安全。

文化安全主要指各种不利于我国国家发展、制度实施及传统文化的威胁，主要表现在宣传舆论方面。在信息化时代，文化越来越成为综合国力竞争的重要因素，国家文化安全也越来越成为人们关注的焦点。如何应对挑战，规划和构筑 21 世纪文化发展战略和国家文化安全战略，已经成为时代赋予人们一项艰巨的任务。

（三）信息安全的重要性

当前，各种组织机构与个人将很多工作交由计算机和网络来完成，敏感信息经过脆弱的通信线路在计算机系统之间传送，专用信息在计算机内存储或在计算机之间传送，电子银行业务使财务账目可通过通信线路查阅，执法部门从计算机中调查嫌疑人，医生用计算机管理病历，等等。在信息传输和传播的全过程中，保障信息安全，使其不至于在对非法（非授权）获取（访问）不加防范的条件下传输信息，这是极其重要的问题。

近年来，通过网络进行犯罪的案件不断增加，网络系统的安全已引起国家的高度重视。网络上涉及的信息，如果没有安全保证，网络攻击者就会通过一定的技术手段窃取相应的权限，然后进行非法操作，使用户产生严重损失。所以，在网络环境的虚拟世界里，安全问题尤为重要。

信息安全是任何国家、政府、部门、行业都必须十分重视的问题，是不容忽视的国家安全战略。随着网络信息化的不断普及，信息系统的安全已成为影响政府及个人的重要因素。当然，对于不同的主体来说，包括各种组织、行业和个人，其对信息安全的要求和重点也是有区别的。

二、加强信息安全建设

从技术上看，要不断加强信息网络的安全建设。建立长期有效的安全机制，保证网络安全的技术手段主要有：数据的备份、病毒的防护、补丁的更新、提高物理环境安全、安装防火墙系统、安装网络安全审计系统、定期查看"系统日志"（对可疑日志进行认真分析）、修补易受攻击的系统并更换不支持的软件、数据加密等。

随着 5G 技术与互联网技术的相互补充、共同发展。通信技术、人工智能正在快速发展，新一代技术变革来临之际，就是突破常规、突破边界之时，此时更应关注信息安全。通过信息加密、多种模式融合的安全认证执行或者行为分析的方式，甚至通过引进深度学习的方法，早期预见黑客攻击的模式，就可以在终端层面保护和强化技术安全，为直接的信息安全建立一道非常重要的防火墙。

第三章 文献信息检索基础

第一节 文献信息检索概述

一、信息与信息资源

信息资源是由信息和资源两个概念整合后衍生而成的新概念，是各种信息要素资源化的产物。因此，探讨信息资源首先对信息的概念要有一个基本的认识。

（一）信息的定义

不同的时代、不同的学科、不同的专家对信息有不同的解释。到目前为止，人们对信息的定义尚无一致的意见，其原因有以下两方面：一是信息现象自身的普遍性、多样性；二是不同领域出于研究和操作的需要提出了适合自身领域的信息定义。

一般来说，信息是自然界、人类社会及思维活动中普遍存在的现象，是一切事物自身存在方式以及它们之间相互关系、相互作用等运动状态的表达。信号、消息、报道、通知、报告、情报、知识、见闻、资料、文献、指令等，均是信息的具体表现形式。

从广义上讲，信息可以认为是物质的一种基本属性，是物质存在方式、运动规律与特点的表现形式，是包含了与客观世界和人类社会相关的各种信息现象；从狭义上讲，信息是一种消息、信号、数据或资料，在多数时候是指已经分门别类或列入其他构架形式的数据。

（二）信息资源的定义及分类

如前文所述，信息是一种重要的资源已成共识，但信息资源的定义和信息一样，目前也是多种多样的。一般来说，广义的信息资源是指人类社会经济活动中积累起来的以信息为核心的各类信息活动要素的集合，包括信息、信息生产者和信息技术；狭义的信息资源是指人类社会经济活动中经过选择、组织和加工处理后形成的有序化的各种媒介信息的集合。

现代信息资源具有数量急剧增加、载体形式多样、内容重复交叉、信息老化速度加快、竞争共享并存等特征和发展趋势。信息资源的分类有多种标准，根据不同的分类标准，可以将信息资源分为不同的类型。

1.按信息资源的出版形式分类

根据信息资源的出版形式，可将其划分为以下 10 种类型，即通常所说的 10 大信息资源。

①图书。根据联合国教科文组织对图书的定义，凡由出版社（商）出版的不包括封面和封底在内的 49 页以上的印刷品，具有特定的书名和著者名，编有国际标准书号，有定价，并取得版权保护的出版物称为图书。该类型信息源内容成熟、定型，论述系统、全面、可靠。但图书出版周期较长，知识的新颖性不够。图书一般包括这几种类型：专著（Monograph）、丛书（Series of Monograph）、词典（Dictionary）、手册（Handbook）、百科全书（Encyclopedia）。

在图书著录格式中，"ISBN"是国际标准书号（International Standard Book Number）的简称，它是专门为识别图书等文献而设计的国际编号。国际标准化组织（ISO）于 1972 年颁布了 ISBN 国际标准，并在柏林普鲁士图书馆设立了实施该标准的管理机构——国际 ISBN 中心。目前，采用 ISBN 编码系统的出版物有图书、小册子、缩微出版物、盲文印刷品等。当前，ISBN 号有 10 位数字（2007 年之前使用的号码）和 13 位数字（2007 年之后使用的号码）两种。例如，图书《情报技术》（孟宪文、冯文刚主编，2015 年出版）的 ISBN 号为 978-7-300-2176-7。其中，978 代表图书，7 代表中国，300 代表出版社（中国人民大学出版社），2176 代表书名号，7 是计算机校验号。

②期刊。期刊一般是指具有固定名称、定期或不定期连续出版、每年至少出版一期（一次）以上、每期均有期次编号或注明日期的出版物。期刊上刊载的论文大多数是原创文献，包含许多新成果、新动向。期刊的特点是出版周期短、报道文献速度快、内容新颖、发行及影响面广。

在期刊著录格式中，ISSN 号是国际标准连续出版物号（International Standard Serial Number）的简称，由 8 位数字分两段组成，前后 4 位数之间用"-"隔开，前 7 位是期刊代号，末位是校验号。例如，期刊《三峡大学学报》的 ISSN 号为 1672-6219。

很多数据库均设有 ISSN 号的检索字段，读者只要输入几个简单的数字，便可以得知是否有该期刊，该期刊的名称、馆藏状况等信息。

③专利文献。专利文献是指由专利局公布出版或归档的所有与专利申请有关的文件和资料，主要是各国专利局的正式出版物。中国专利文献的种类有发明专利文献、实用新型专利文献、外观设计专利文献、植物专利文献、再公告专利文献，以及商标、技术诀窍等专利文献。

④标准文献。标准文献是记录各级各类标准的特种文献。广义的标准文献还包括标准的检索工具和有关标准化的文件等；狭义的标准文献是指带有标准编号的标准、

规范、规程等技术文件。标准文献的内容一般包括标准级别、标准名称、标准分类号、标准编号、标准审批与实施日期等。按使用范围，标准可分为国际标准、区域性标准、国家标准、行业标准和企业标准等。

⑤学位论文。学位论文是作者从事科研取得了创造性的成果或有了新的见解，并以此为内容撰写而成，作为提出申请授予相应的学位时评审用的学术论文。学位论文探讨的问题往往比较专业，一般具有一定的创造性。根据作者申请学位的不同，学位论文可分为学士学位论文、硕士学位论文、博士学位论文。在学位论文标注中，PhD Dissertation 指博士学位论文，MS Dissertation 指硕士学位论文。

⑥会议文献。会议文献是指在国内外重要学术会议上发表的论文、报告及其他有关资料，此类文献代表某学科领域的最新成果，尤其是一些阶段性的成果。会议文献对了解某领域的科技前沿有许多有价值和有意义的启示，备受科技人员的青睐。

⑦科技报告。科技报告是指科技人员围绕某一专题从事研究取得成果以后撰写的正式报告，或者是在研究过程中对每个阶段的进展情况的实际记录。其特点是内容详尽专深，有具体的篇名、机构名称和统一的连续编号（报告号），一般单独成册。

根据报告的文献形式，科技报告可分为：技术报告（Technical Reports）、札记（Notes）、论文（Papers）、技术备忘录（Technical memorandums）、通报（Bulletins）等。科技报告是在 20 世纪 40 年代后迅速发展起来的，目前全世界每年都有大量科技报告出版，其中美国政府研究报告（PB、AD、NASA、DOE）较受关注。

⑧政府出版物。政府出版物是各国政府部门及其所属机构所颁发和出版的文件资料，可分为行政性文件和科技性文件两大类。行政性文件主要有政府法令、方针政策和统计资料等，其内容涉及政治、法律、经济等方面；科技性文件主要是政府部门的研究报告、科技政策文件、科普资料等。政府出版物对于了解某国的政策、科技水平及经济状况等方面有较高的参考价值。

⑨科技档案。科技档案是指单位在技术活动中所形成的技术文件、图纸、图片、原始技术记录等资料，包括任务书、协议书、技术指标、审批文件、研究计划、方案、大纲、技术措施、调研材料等。它是生产建设和科研活动中用以积累经验、吸取教训和提高质量的重要文献。科技档案具有保密和内部使用的特点，一般不公开。

⑩产品样本资料。产品样本资料是生产厂商为宣传企业形象、展示推销其产品而制作的一种商业资料，其用来介绍产品的品种、特点、性能、结构、原理、用途、维修方法、价格等。产品样本资料内容比较成熟，数据较为可靠，时效性强，使用期短，且不提供详细数据和理论依据。

2.按信息资源的加工深度分类

信息资源的加工深度可分为一次文献、二次文献、三次文献和零次文献。

（1）一次文献

凡是著者在科学研究、生产实践中，根据科研成果、发明创造撰写的文献，称为一次文献，又称为原始文献。一次文献是文献的主体，是最基本的信息资源，是文献检索的对象。例如，学术专著、期刊论文、会议文献、学位论文、专利说明书、科技档案、技术标准、科技报告等。

（2）二次文献

二次文献是将分散的、无序的一次文献，按照一定的原则进行加工、整理、提炼、组织，使之成为便于存储、检索的系统文献。二次文献主要有目录、题录、索引和文摘等。

目录以出版物单位为著录对象，对图书、期刊或其他单独出版物的特征进行揭示和报道，一般只记录外部特征，如书名（刊名）、著者、出版项和载体形态等。目录可分为馆藏目录、专题目录、联合目录等。

题录是对单篇文献外表特征的揭示和报道。其著录项目简单，即篇名、著者、文献来源、文种等；收录范围广，报道速度快，是用来查找最新文献的重要工具。

索引是将文献中的各种知识单元以一定的原则和方法排列起来的一种检索工具。这些知识单元可以是篇名、人名、名词术语、地名、各种号码、分子式、结构式等。索引是一种附属性的检索工具，其不但广泛应用于各种类型的文献中，也广泛应用于各种检索工具中，主要起检索作用。索引系统的完善性是衡量一个检索工具质量的一个重要标志。

文摘是以单篇或单本文献为报道单位，同时揭示文献的外部特征和内容特征。其不仅著录一次文献的外表特征，还简明、深入地著录文献内容。文摘是二次文献的核心。按文摘报道的详略程度，文摘可分为指示性文摘和报道性文摘。

指示性文摘又称简介，其内容简单，仅介绍文献的论题范围和研究目的。

报道性文摘用精练的语言报道原文献的主要内容（研究目的、方法、公式数据、结果等）。文摘有时可代替原文献，它对于不懂原文献文种或难以获得原文献的科技人员尤为重要。

（3）三次文献

三次文献是在利用二次文献的基础上，选用一次文献的内容进行分析、概括、综合研究和评价而编写出来的文献。三次文献又可分为综述研究类和参考工具类两种类型，前者如动态综述、学科总结、专题述评、进展报告等，后者如年鉴、手册等。三次文献源于一次文献，又高于一次文献，属于一种再创性文献。三次文献一般来说具有系统性好、综合性强的特点，其内容比较成熟，常常附有大量的参考文献，有时可作为查阅文献的起点。

综述即综合性叙述是在利用一次文献和二次文献的基础上生产出来的一种三次文献。综述能够帮助人们用较少的精力和较短的时间，对有关课题的内容、意义、历史及现状等有一个简明的了解。综述可分为以下三种：

综合性综述。综合性综述即对某一学科或专业的情况做出综合叙述。它能系统地反映一次文献的内容信息，提供检索所需文献的线索，是利用一次文献的桥梁。

专题性综述。专题性综述是对某项技术或某种产品所做的综述。

文摘性综述。文摘性综述即将某一学科或专业在某段时间内所发表的文献，用少量文字把内容摘录下来，然后按时间顺序、学科或专业自身发展顺序，对相关课题进行综合叙述，并且逐一标注所引用的文献。

提要，又称为叙录，是简明扼要地介绍作者生平、学术思想与揭示文献内容的一种方法。提要广泛应用于图书编辑、出版、发行、书目编制、图书编目、宣传、古籍整理、读书治学及科学研究中。

述评针对某一学科、某一技术或者某一成果，全面系统地总结各种情况、各种观点和各种数据，并给予精辟的分析评价。述评不仅要指出所研究课题的当前水平和存在问题，还要指出所研究课题的发展前景和可能遇到的困难。述评的形式类似综述，故其可分为综合性述评和专题性述评。

综合性述评指总结和评论某一学科或某一专业的情况。

专题性述评指针对某一技术、某一设计、某一产品或某项工程等具体问题，进行分析评价。

书评是图书评论的简称。它是通过对图书的有关内容和形式进行解析和评价，从而介绍图书的一种重要方式和文体。

（4）零次文献

零次文献又称为灰色文献，是指非正式出版物或非正式渠道交流的文献，如实验数据、观察记录、调查材料等。零次文献的信息内容新颖、真实、直观、方便、针对性强，但其也有不成熟、不定型的特点，且由于不公开发行而难以获取。

另外，信息资源按信息的载体形式，可分为印刷型文献、缩微型文献、视听型文献和书写型文献等。

二、信息检索的相关概念

"检索"一词源自英文"retrieval"，其含义是"查找"。"信息检索"一词由 C. 穆尔斯（Calvin.N. Mooers）于 1950 年首次提出。信息检索是指文献资料的查找与获取。检，即查找；索，即获得与索取。也就是说，检索者利用检索工具，按照文献编排的特点，采取一定的途径、方法和步骤，将所需文献资料查找出来，并加以利用。

信息检索实质就是将描述用户所需信息的提问特征与信息检索系统中的信息特征标识进行匹配，从中找出一致或基本一致的信息。检索提问特征与信息特征标识都包括反映文献内容特征和外部特征的信息。文献特征包括内容特征和外部特征：内容特征指的是能够反映用户信息需求的语言，如主题词、分类号和摘要等；外部特征是一种文献检索语言，其将不同的文献按照篇名、作者名称的字序或者按照报告号、专利号的数序进行排列，所形成的用来满足用户需求的检索语言，如题名、著者、文献类型、编号、出版信息等。

现代信息检索主要由计算机来完成，即利用计算机完成信息的存储和检索。为实现计算机信息检索，必须事先将大量的原始信息加工处理，以数据库的形式存储在计算机中。所以，信息检索广义上包括信息存储和信息检索两个方面。

（一）信息存储

信息存储指用手工或者自动方式将大量无序的原始信息集中起来，根据信息源的内容特征和外部特征，经过分类、标引等步骤进行加工，即将收集到的原始文献进行主题概念分析，根据一定的检索语言抽取出主题词、分类号及文献的其他特征进行标识或者写出文献的内容摘要；然后再把这些经过"前处理"的数据按一定的技术要求编制检索工具或建立检索系统，完成信息的加工存储，供人们检索和利用。

（二）信息检索

信息检索指用户对检索课题加以分析，明确检索范围，弄清主题概念，然后用系统检索语言来表示主题概念，形成检索标识及检索策略，输入计算机进行检索。计算机按照用户的要求将检索策略转换成一系列提问，在专用程序的控制下进行高速逻辑运算，选出符合要求的信息输出。计算机检索的过程实际上是一个比较、匹配的过程，检索提问特征只要与数据库中的信息的特征标识及其逻辑组配关系相一致，则属"命中"，即找到了符合要求的信息。

三、信息检索的类型

（一）按检索方式分类

1.手工检索

手工检索简称"手检"，是指人们通过手工的方式检索信息。其使用的检索工具主要是书本型、卡片式的信息系统，即目录、索引、文摘和各类工具书。检索过程是由人以手工的方式完成的。

2.计算机检索

计算机检索简称"机检"，是指人们利用数据库、计算机软件技术、计算机网络及通信系统进行的信息检索，其检索过程是在人机的协同作用下完成的。

3.综合检索

综合检索指在文献信息检索的过程中，既使用手工检索方式，又使用计算机检索方式，也就是同时使用两种检索方式。

（二）按检索内容分类

1.文献检索

文献检索是指利用检索工具或检索系统查找文献的过程，包括文献线索检索和文献全文检索。

文献外部特征包括书名或论文题目、著者、出版社、出版地、出版时间等，用于检索文献线索的检索工具有书目、索引、文摘及书目型数据库和索引、题录型数据库。

文献全文检索是以文献所含的全部信息作为检索内容，即检索系统存储的是整篇文章或整部图书的全部内容。检索时可以查到原文及有关的句、段、节、章，并可进行各种频率统计和内容分析。文献全文检索主要是用自然语言表达检索课题，较适用于某些参考价值大的经典性文章，如各种典籍、名著等。

2.事实检索

事实检索是以特定客观事实为检索对象，借助提供事实检索的检索工具与数据库进行检索。其检索结果为基本事实，如某个字、词的查找，某一诗句的查找，某一时间或地名的查找，某一人物、机构、事件的查找，某一数据、参数、公式或化学分子式的查找等等。一般来说，事实检索多利用词语性和资料性工具书，包括字典、词典、百科全书、类书、政书、年鉴、手册、名录、表谱、图录等。

3.数据检索

数据检索是一种确定性检索，它是以数值或图表形式表示的数据为检索对象的信息检索，又称"数值检索"。检索系统中存储的是大量数据，这些数据既包括物质的各种参数、电话号码、银行账号、观测数据、统计数据等数字数据，也包括图表、图谱、市场行情、化学分子式、物质的各种特性等非数字数据。

四、信息检索的意义

（一）借鉴前人经验，避免重复劳动

继承、借鉴、怀疑、假设、探索、求证、循环往复，螺旋式上升，这是科研发展的必由之路。科研人员通过观察和思考获得研究题目后，首先需要确认别人有没有研究过这个题目，才能决定是否研究这个题目。这个确认过程一般是通过查阅相关文献来实现的。

文献检索的一个基本目的就是查阅和了解前人的研究成果，吸收和借鉴前人的研究经验，避免重复劳动，避免重复研究别人已解决了的问题，避免重犯别人已经犯过的错误，少走弯路，提高科研效率。

（二）了解科研动向，启迪创新思维

研究者通过文献检索和调研，了解自己所做的研究课题在目前世界上是怎样的研究现状——国内外是否有人做过或者正在做同样的工作，研究工作的进展如何，取得了哪些成果，尚存在什么问题。在广泛了解科研动向的基础上启迪创新思维，改进自己的工作。只有这样，才能有所发现、有所创新、有所前进。

我国著名科学家、中文汉字激光照排系统的发明人王选在回顾研究与发明时这样说："我按照习惯做一件事情，总是先研究国外的状况，熟悉一下最新的进展是什么，所以我就急着看文献。""我看到的那些资料，基本上我是第一读者，借杂志都有登记的，所以我知道从来没有人借过。看了以后马上就知道了美国当时流行的是第三代——数字存储的，而中国随便一家都是落后的、过时的，也看到世界上正在流行的第四代——用激光扫描的方法。"经过检索和研究大量国外专利文献，王选了解照排技术的科研动向，跨越当时日本流行的光机式、欧美流行的阴极射线管式，直接研制成功第四代激光照排系统，实现了跨越式发展。

（三）拓宽知识面，寻找创新灵感

了解与自己研究方向有关的科研机构，熟悉本研究领域的国际领袖人物，密切关注在该研究领域发表的论文并认真研读。定期阅读《自然》《科学》等世界顶级科学期刊，从中不仅拓宽知识面，还可能得到新的想法、新的思路，从而寻找到新的灵感及突破口。

（四）进行调查研究，提供决策依据

在日常工作和生活中，人们经常要做决策，一些重大决策关系到国家的兴衰、团体的成败和个人的前途。因此，必须进行科学决策。信息在决策中起重要作用，它是科学决策的必要前提和重要依据。正确的决策受多种因素的影响和制约，其决定因素在于决策者对决策对象有确切的了解和把握，对未来的行动和后果有正确的判断，这就取决于及时、准确、全面地掌握信息。

第二节 信息检索语言

人们在社会生活中必然要运用各种语言，如学计算机必须掌握程序设计语言，学信息检索就必须对信息检索语言有较为深入的了解。

信息检索语言，就是信息组织与信息检索时所用的语言。信息资源在存储过程中，其内部特征（分类、主题）和外部特征（书名、刊名、题名、作者等）按照一定的语言习惯加以表达，检索文献信息的提问也按照一定的语言来表达。为了使检索过程快速、准确，检索用户与检索系统需要统一的标识系统。这种在文献信息存储和检索过程中，共同使用、共同理解的统一标识，就是检索语言。

目前，世界上的信息检索语言有很多，划分方法不同，其类型也不一样。按照标识的性质与原理划分，信息检索语言主要有两大类：分类检索语言和主题检索语言。

一、分类检索语言

分类检索语言是以学科为基础，按类分级编排的一种直接体现知识分类等级概念的标识系统，一般以数字、字母或字母与数字结合作为标识。著名的分类检索语言有《中国图书馆分类法》《杜威十进分类法》《美国国会图书馆图书分类法》《国际专利分类法》等。下面着重介绍《中国图书馆分类法》。

《中国图书馆分类法》（简称《中图法》）是中华人民共和国成立后编制出版的一部具有代表性的大型综合性分类法，是国内图书馆使用最广泛的分类法体系，其由国家图书馆出版社出版，初版于 1975 年发行。《中图法》第五版将类表的科学性、实用性有机地统一起来，充分反映和体现了信息组织、知识组织、文献组织的工具性，更好地满足文献标引、信息、知识、文献的检索需求。

《中图法》的类目体系是一个层层展开的分类系统，其基本大类以科学分类为基础，结合文献的需要，在五大类的基础上展开。《中图法》采用拉丁字母与阿拉伯数字相结合的混合编码制，它依据学科门类，将图书分成 5 大部类，22 个基本大类。

在 22 个基本大类（一级类目）下，又根据各类目知识学科的性质，逐级划分下列类目，二级以下采用拉丁字母和数字混合编制，字母后加两三位阿拉伯数字，表示各学科的进一步分类；三位数以上的数字使用小数点隔开。

图书馆的藏书在分类号的后面或下面还有作者信息，分类号和作者信息合称为索书号，利用索书号可在图书馆中快速找到图书。了解图书分类法的编制，有助于人们从科学的角度查询信息。在确定信息所属的主要和次要学科或专业的范围时，要将被确定的学科或专业范围在分类表中从大类到小类、从上位类到下位类，层层缩小查找范围，直到找出课题相关类目及分类号为止。

以检索"近年来走向世界的中国大陆数学研究成果"为例，检索者希望检索出在世界性的学术期刊上由中国大陆作者发表的论文。检索者的选择一般是利用美国科技信息所（简称"ISI"）的 SCI 数据库，绝大部分的检索者都考虑应用该数据库的"Title"（篇名）检索字段，输入检索词"China and Mathematic*"（这里的 Mathematic 使用截断符，可以包括 Mathematics 或 Mathematical 等相同词根的所有相关词）。按这个检索思路，在 SCI 数据库中第三季度期间所能检得的结果为 23 篇。如果放宽到关键词和文摘字段，这个结果也只有 60 篇左右。这样的结果，显然是不准确的。事实上在同一时间段，该题的检索结果数是近 3 万篇，其中中科院系统就有 3000 多篇，而复旦大学、清华大学、北京大学均各有 1200 多篇。其中有 19 位作者的个人论文数量在 100 篇以上（包括合作研究）。

这个检索案例中，检索策略的设计都是特性检索的概念，而检索课题却反映了族性检索的要求。

因此，分类号检索的作用便体现出来。用分类号检索，便于检索者对所研究的学科知识动态进行全面了解，便于检索者按学科迅速、准确地查询。所以，分类号检索途径成为读者通过数据库查询信息的主要检索途径之一。这里的分类号主要是依据图书分类法而设置的，以代表类目的数字、字母符号作为文献主题标识。目前国内数据库中所采用的分类号主要是依据《中国图书馆分类法》而产生的。

二、主题检索语言

主题检索语言是用能反映信息内容的主题概念的词语作为标识的标识系统，一般以词语为标识。著名的主题检索语言有《汉语主题词表》《EI Thesaurus》（EI 叙词表，简称 EIT）。主题检索语言可分为标题词、单元词、叙词、关键词等几种检索语言。

（一）标题词检索语言

标题词检索语言是指从自然语言中选取并经过规范化处理，表示事物概念的词、词组或短语。标题词是主题语言系统中最早的一种类型，它通过主标题词和副标题词的固定组配来构成检索标识；只能选用"定型"标题词进行标引和检索，其反映文献主题概念必然受到限制，不能适应时代发展的需要，目前已较少使用。

（二）单元词检索语言

单元词检索语言是指能够用以描述信息所论及主题的最小、最基本的词汇单位，经过规范化的能表达信息主题的单元词集合构成单元词语言。单元词检索语言是通过若干单元词的组配来表达复杂的主题概念的检索语言。单元词检索语言多用于机械检索，适于用简单的标识和检索手段（如穿孔卡片等）来标识信息。

（三）叙词检索语言

叙词检索语言是指以概念为基础、经过规范化和优选处理的、具有组配功能并能显示词间语义关系的动态性的词或词组。一般来讲，选中的叙词具有概念性、描述性、组配性。经过规范化处理后，还具有语义的关联性、动态性、直观性。叙词检索语言综合了多种信息检索语言的原理和方法，具有多种优越性，适用于计算机和手工检索系统，是目前应用较广的一种语言，如 EI 等著名检索工具都采用叙词检索语言进行编排。

（四）关键词检索语言

关键词是指出现在文献标题、文摘、正文中，对表征文献主题内容具有实质意义的语词。它对揭示和描述文献主题内容是重要的、关键性的语词。关键词检索语言主要用于计算机信息加工抽词编制索引，因而称这种索引为关键词索引。例如，在检索中文医学文献中使用频率较高的中文生物医学期刊文献（CMCC）数据库就是采用关键词索引方法建立的。

三、两种检索语言比较

（一）两种检索语言的区别

分类检索语言和主题检索语言都是从文献的主题出发，从不同的角度揭示文献内容的方式。分类检索语言的类目和主题检索语言的标题在某种意义上都可以说是主题。两者既有共性方面，又有特性方面。其具体不同主要有以下几点：

1.主题概念的表达不同

分类检索语言的一个显著特点是以分类号（如字母或数字）为文献的标识，标引或检索时都必须使用分类号；主题检索语言则是直接以自然语言中的词语为标引和检索的标识。

2.主题概念的组织不同

分类检索语言主要是按学科体系或逻辑体系组织的，分类体系不是显而易见、易于掌握的，因此读者在使用分类检索工具或检索系统时，往往难以确定新主题、细小主题及复杂主题在体系中的准确位置；主题检索语言按照语调的字顺来组织主题概念，因而可以依名检索。

3.主题内在关系的显示不同

分类检索语言中主题内在关系主要通过上下位类、同位类以及交替类目、参见类目和类目注释来显示，因而分类法系统的系统性、等级性强，便于进行浏览性检索，并可以根据检索的需要进行扩检和缩检；主题检索语言中主题内在关系主要通过建立词间参照系统的方式来显示，此外也通过辅助索引进行分类显示。所以，在主题词表中，相关主题之间的关系难以直接地、一目了然地展示出来。因而在族性检索，尤其是较大范围课题的检索中，主题检索语言不如分类检索语言便捷。

4.主题标引方法的不同

使用分类检索语言标引时，主题分析的重点是辨别确定文献主题的学科性质，以便进一步确定所属类目；使用主题检索语言标引时，主题分析的重点是辨明文献主题各构成因素之间的关系，区别论述对象的中心部分和次要部分，以便选定中心主题概念。分类检索语言表现的是族性，主题检索语言表现的是特性。

（二）两种检索语言的优缺点

1.分类检索语言的优缺点

分类检索语言的优点：系统性强，适合族性检索，便于按学科、专业直接检索比较广泛的课题；查全率较高；既能组织藏书（分类排架），又能编辑目录索引检索工具。

分类检索语言的缺点：缺乏专指性，查准率不高，不能满足专深课题以及新兴学科、交叉学科和边缘学科知识的检索；使用起来不方便，必须借助专门的分类表等工具书。

2.主题检索语言优缺点

主题检索语言优点：直接性强，表达概念较为准确和灵活；与课题有关而分散在各个学科中的信息资源可集中起来，有利于查全和查准，便于扩大或缩小检索范围。

主题检索语言缺点：不能从学科体系方面来探索问题；新生概念没有适合的主题词，使用主题词检索具有一定的局限性。

第三节 信息检索思维

信息检索思维指信息检索时用到的思维方式。培养信息检索思维，对探索式查找和获取信息具有重要作用。信息检索思维是由检索的特点和检索系统所决定的。

一、检索的特点

（一）检索是一种过程

检索是一种非线性的、需要反复进行并且带有偶然性的发现活动，是与问题的发现、研究和解决过程同步进行的，是探索式地查找与获取信息的过程。在这个过程中，人们需要了解如何从信息需求出发，以确定信息来源、信息查询方向及信息检索的初始范围；合理运用发散思维和收敛思维，设计、制订检索策略；选择与信息需求和检索策略相匹配的检索工具；理解信息系统的组织方式，合理使用不同类型的检索语言，如控制词表、关键词、自然语言等；灵活运用各种检索途径，根据检索结果来调整检索提问、改进检索策略，有效推进检索过程以及管理检索结果。

（二）检索是循环和递进的

各类信息源除在内容和形式上具有差异外，其相关性和价值也会因为信息需求和检索目标的不同而有很大差异。检索者要重视利用以其他形式收集到的信息，认识检索过程的复杂性，具备检索思维的灵活性和创造性，了解一次的检索尝试不一定能够得到满意的结果；要能够积极面对检索的挑战，知道寻求专家指导，能够在检索过程中了解新的检索途径，运用多样化的检索策略把控检索方向，既能将检索深入推进，也能根据问题解决的程度和需要，适时地结束检索，既解决问题，又节省时间，提高学习、科研和工作的效率。

检索是循环和递进的。检索作为一种可以动态调整、变化、循环、迭代和递进的过程，是需要根据检索的需求、检索的效果、检索任务的完成情况、检索的结果、结果的可用程度等诸多因素进行调整优化的。因此，检索者应树立动态调整、相对优化的检索思维。检索不是一成不变的，不是唯一的，不是固定的，也不是固化的。同时，检索者与检索也存在交互关系，检索者的知识、能力、专业、认知、情感和社会关系等都会影响检索进程，同时检索也会改变检索者。

二、检索系统的概念、类型及其构成

（一）检索系统的概念和类型

检索系统，或称检索工具，是指根据特定的信息需求而建立起来的用于信息收集、加工、存储、检索及分析等的程序化系统，其主要目的是为人们提供信息服务。检索系统可以是供手工检索使用的卡片目录、书目、文摘、索引等；也可以是计算机化的信息检索系统，如搜索引擎、网络数据库、光盘数据库、搜索网站和搜索平台等。

广义上理解，信息检索系统是与检索相关的工具、设备和人的总和。一般包括以下几个方面：一是检索文档（File）。检索文档即标有检索标识的信息集合（Information Set），如手工检索系统中的书目、索引和文摘中由文献款目组成的记录、工具书中的条目或摘要组成的主体，以及计算机检索系统中的数据库。二是技术设备。技术设备指能贮存信息的技术设备，如输入装置、储存器、输出装置、通信设备等。三是语言工具。语言工具指检索语言、标引规则、输入和输出标准等。四是作用于系统的人。包括信息加工、标引人员、录入人员、检索人员、系统管理维修人员等。

狭义上理解，信息检索系统一般指用于提供检索的工具本身，也就是人们常说的检索工具。

检索工具有很多类型。根据载体不同，可分为手工检索工具和计算机检索工具。根据组织和提供信息方式的不同，可分为搜索引擎、数据库、参考工具等，而每种又可分为不同的类型。例如，对于数据库来说，根据提供信息的详略程度，可分为二次文献数据库（包括目次型、文摘型、指南型等）和全文数据库等。二次文献数据库也称为参考数据库，主要是指引导用户到另一信息源获得原文或其他细节，其本身并不提供全文。根据数据库收录信息内容的学科领域范围，数据库则可分为综合性数据库和专业性数据库。

（二）检索系统的构成

不同的检索工具，在具体编排方式、使用方式、使用功能等方面都有所差异，但其基本原理、构成、类型却是相同的。

正文部分是检索系统的主体部分。它是反映文献信息特征的那些条目的有序集合，每个条目有若干数据著录项组成，条目按序排列，如文摘号或索引号。手工检索系统中大多数检索刊物的正文部分按学科分类体系的序列编排，提供分类检索途径（检索点）。计算机检索系统的正文部分是系统的主文档。

手工检索系统的辅助索引（Auxiliary Index）是对正文分类检索方式的补充。常见的辅助索引有作者索引、主题索引等。对应计算机检索系统，索引以倒排文件形式出现。计算机检索系统的倒排索引内容要远多于手工检索系统，如其还有年份、语种、文献等类型索引。

分类表与主题词表是用户分别用于浏览及确定分类类目、类号和主题词的工具。准确选择分类号、主题词是获得满意检索结果的前提。

使用指南、样例和帮助文档介绍检索系统的学科范围、结构、功能和使用方法，是用户使用前必读的内容。

资源来源目录是被检索工具摘录过的一次文献的清单，描述期刊、会议录或其他出版物的名称、代码、出版和收藏等情况，它是用户获取原文的一个主要依据。

（三）记录与字段

无论是手工检索工具（印刷型检索工具），还是计算机检索工具（数据库和搜索引擎等），都可以理解为文献信息的集合。这种集合既存储和记录文献，又提供给使用者查找文献线索或获得文献的功能。根据记录文献的方式和详略程度，有目录、题录、文摘、索引等方式。印刷型检索工具主要以上述形式为使用者提供文献线索，其通常不直接提供文献原文；数据库等计算机检索工具，除了能给使用者提供目录、题录、文摘等形式的文献线索，很多数据库还进一步给用户提供文献全文，非常方便。其内在结构通常包括文档、记录、字段等要素。以下对记录和字段做简要介绍，方便读者学习了解。

1.记录

数据库主要由"文档、记录、字段"三个层次构成。文档也称文件，在逻辑上是由大量性质相同的记录组成的集合，是数据库中数据组织的基本形式；记录是指对应数据源中一行信息的一组完整的相关信息；一条记录由若干个字段组成。

记录（Record）是机器可存取的基本单位，是供计算机读取的格式化数据，用于数据资源的交换与共享。由于格式规范，程序便能准确地识别每条记录及其数据著录项的内容。国际标准化组织（ISO）颁布的格式标准有 ISO2709 格式，它包括记录头标区（Leader）、目次区（Directory）、数据区（Date Field）及记录分隔符（Field Separator）。。我国制定的《书目信息交换用磁带格式》（GB/T2901—1992）标准参照 ISO2709 格式，具有中国特色。

记录有逻辑记录（Logical Record）和物理记录（Physical Record）之分。逻辑记录与存储环境无关，它是把一些在逻辑上相关的数据组织到一起的数据集合，是面向用户的记录，相当于手工检索工具中的一个条目。物理记录则是指硬件设备上的一个基本存储单位，是计算机内存与外存间进行数据交换的基本单位。不同的数据库向使用者提供的记录的表现形式可能会有所差异。

2.字段

字段（Filed）是记录的基本单元，用于描述事物的某一属性和特征。字段与文献记录中的著录项相对应，也是检索的入口。

在数据库等检索工具中，可用于检索的字段通常包括描述文献外表特征的字段，如作者字段、号码字段、出版字段、语种字段等；也包括描述文献内容特征的字段，如文摘字段、主题词字段、分类号字段等。名称字段则既可以表达文献的外表特征，也可以表达文献的内容特征，更进一步细分还有子字段，它们是字段的一部分。各字段有其自己特征的标识符，其内容称作字段值（Field Value）或属性值（Attribute Value）。

第四节 信息检索策略

一、检索策略的定义

广义的检索策略是实现检索目标的途径与方法，是为实现检索目标而制订的全盘计划或方案。检索策略具体包括以下流程：分析信息需求，选择检索工具，拟定检索词，明确各检索词之间的逻辑关系与检索步骤，制定、调整和优化检索式，以及获取和管理检索结果。这也是进行一次检索完整的步骤和合理的流程安排，要在分析检索需求的基础上，确定用于检索的数据库，确定检索用词，并明确检索词之间的关系以及查找步骤。

检索策略体现了对检索的总体计划和全部过程，也可以将其理解为检索步骤、检索流程、检索过程、检索条件设置等。检索策略的优劣，直接影响检索效果。检索策略指导整个检索过程，因此其包括了绝大部分与检索相关的基础知识。

二、检索式的定义

在检索过程中，检索者要构造一个既能表达信息需求，又能为计算机或各类搜索工具所识别的检索表达式。检索表达式人们也常将其称为检索式。检索式，是狭义理解上的检索策略，是检索策略的具体体现。

检索式是表达检索提问的逻辑表达式，是将检索词、检索字段、检索算符等检索要素组织在一个计算机可识别并可执行的检索语句中，用以表达复杂的检索需求，完成检索任务。

最简单的检索式，可以只是一个检索词（关键词或号码等），人们经常在搜索引擎中输入的关键词，就属于这种情况。如果希望检索结果满足更多更精细的要求，就需要更复杂一些的检索式，例如可以给检索词添加检索字段，以限定检索词在文献信息中出现的位置和重要程度等；再复杂一些，则可以包含多个检索词和检索字段以及检索算符，甚至多重嵌套条件。关于如何选择检索词、常用的检索字段和有哪些检索算符，下文将进一步论述。

一个课题的检索式表达未必是唯一的，而是可以有各种选择、描述、限定和组配方式。这些都可以通过各种检索算符来体现。

检索式在检索中可一次设置完成，也可分为多步完成，检索者可以根据信息需求和信息源的特点以及自身需要，灵活编制、运用检索式，达成检索目标。

三、制定检索策略的步骤

（一）分析课题

分析课题，即分析信息需求，是实施检索中最重要的一步，是检索效率高低或成败的关键。面对一个课题，需要明确它的研究范围、研究现状以及将要达到的检索目的。

1.明确检索目的

明确检索目的是指明确所需信息的用途，即检索是为编写教材、撰写学科总结或进行专题综述等工作系统收集信息；还是为申请专利或鉴定科技成果需利用信息说明其新颖性和创新性；还是为解决某一技术问题，需利用相关的技术信息提供借鉴或参考；还是为技术预测或决策提供背景材料，等等。

2.明确检索要求

明确检索要求是指明确所需信息的类型、语种、数量、文献范围和年代等，以控制对查新、查准、查全的指标要求及其侧重。

（1）信息的类型。如要了解科技的最新动态、学科的进展、了解前沿、探索未知，则强调一个"新"字；如要解决研究中的具体问题，则要强调一个"准"字；如要了解一个全过程、写综述、做鉴定、报成果，就要回溯大量文献，要求检索全面、详尽、系统，则要强调一个"全"字。检索目的不同，主题分析选取主题范围的广度与深度也不同。若要系统、全面地收集有关信息，则选取主题范围的面要宽一些，所得信息的泛指性要强一些；若需利用有关信息为某一技术问题提供解决的方案做参考或借鉴，则选取主题范围的面要窄一些，所得信息的专指度要高一些。

课题的类型主要包括下面几种情况：

第一，查全型。论文开题、编写教材、基础研究或应用理论研究的课题。

第二，查准型。用户需要查询在科研、生产进行当中遇到的非常专业或是细微的问题。

第三，动态型。研究开发和应用新技术、新理论的课题。

第四，查新型。某项技术或新产品在研制开发完成后，要对同类研究项目或相关研究项目等有关的专利及非专利文献资料对比分析所进行的检索。

（2）确定检索的时间范围。每一项研究的理论和技术都有其发生、形成和发展的过程，为提高检索效率，检索时应根据研究课题的背景，即有关知识发展的形成期、高峰期和稳定期，来确定检索的时间范围。对于发展较快的学科领域来说，首先要查找最近几年的文献。

（3）确定检索需要的语种。

（4）了解课题对查新、查准、查全等方面的具体要求。

3.分析课题的主题内容

了解课题的背景知识是进行课题检索的基础，课题的背景知识包括课题研究的对象及其所属的学科，其主要涉及的内容包括研究方法、使用器材、主要研究单位和人员等。

获取背景知识，研究者可以咨询专业人员，也可以阅读一些入门的相关文献。找出课题所涉及的主要内容和相关内容，形成主要概念和次要概念，选取主题词。要注意课题分析获得的是反映课题主要内容的概念，而不是文献标题的罗列。

（二）选择检索工具

根据课题分析的结果，确定了自己的检索目的和主题内容后，下一步就是选择适用的检索系统。根据课题要求，选择与所查课题和信息需求相适应、学科专业对口、覆盖信息面广、报道及时、揭示信息内容准确、有一定深度、检索功能比较完善的检索工具。

1.了解检索工具的收录和质量等情况

不同的检索工具，其收录的学科类别、文献类型、文献收录的时间跨度、覆盖的地理范围、文献记录的详略程度、是否提供全文和语种等方面都会存在差异，要根据所查课题的需要，加以选取。

一般来讲，学科属性是考察检索系统是否适用的首选因素。首先，要保证所选择的资源与检索课题的学科一致；其次，应考虑所选资源在该学科领域的权威性，尽量以权威性的专业数据库为检索工具。

课题的检索范围包括时间、地理、文献形式和资料类型的范围。另外，课题检索范围与课题的学科特点也有很大关系。例如，社会人文科学方面的课题受地域因素的制约，在资料的检索范围上应当有所侧重，有关我国社会问题的研究应着重参考有关的国内文献；对于科学技术，特别是高科技领域方面的课题，仅仅查阅国内的文献是不够的，还必须查阅其他国家的研究情况。

对检索系统的选择必须建立在对可利用资源全面了解的基础上，同时充分认识各种检索系统的类型、内容、意义和功能，如需要系统掌握某学科知识，可以选择图书；如需要写研究项目开题报告、学术研究和技术攻关，可以选择研究报告、科技论文、学位论文、会议文献等；如需要进行发明创造、工艺改革、新产品设计、引进设备和签订合同，可以选择专利说明书、标准文献、产品资料等。

2. 了解检索工具的功能和特色

不同的检索工具有不同的检索功能和特色：有些功能单一；有些功能多样，有些功能较简单，只提供搜索功能；有些功能较强大，在搜索之外还提供分析功能。要学会了解并有效利用检索系统的助检手段和辅助工具，如检索帮助、培训课程等。

3. 了解检索工具的检索界面和方式

在检索中，人们会经常面临检索方式的选择。检索式和检索方式表达的意思存在差别。检索式是检索词、检索字段和检索算符等检索要素构成的一个表达式，而检索方式则是数据库和搜索引擎等检索工具提供的不同功能的检索界面。不同的检索界面可以为检索者提供不同的检索精度、灵活度和全面度。

一般来说，用户在使用数据库等检索工具时，可以根据检索工具提供的功能设置和界面，选择不同的检索方。最常见的检索方式是浏览和检索两类。

（1）浏览，也称导航。其提供检索导航和索引列表，如作者导航、机构导航、期刊导航等，方便使用者在导航显示列表中任意浏览查看、选择点击，而无须输入检索词。导航顺序排列方法常用字顺法、地域法等。

（2）检索，也称查询、搜索。其提供输入框，由使用者自行输入检索词和检索式，并设置检索限制条件，以完成检索过程，得到检索结果。

采用检索的方式时，一般有三种实现不同检索精度和灵活度的方式，分别是快速检索、高级检索和专家检索。

快速检索，也称作一般检索、普通检索、简单检索、简易检索，其通常用于实现单条件的简单检索。通常只输入一个或几个检索词，不同检索词之间的逻辑关系往往也比较单一。快速检索简单易行，可以比较全面地查找出与检索词相关的信息，检索者能够快速了解与课题相关的总体情况，但缺点是检索精度不高，不够灵活。

高级检索，往往提供多个输入框，并提供检索字段选项，以及各种检索限制条件，使检索者可以方便地输入多个检索词，并设置多种逻辑关系，以完成复杂的检索条件设置，达到更高的检索精度和灵活度。

专家检索，也称作专业检索，其灵活性比高级检索更高，可以使用的检索词更多，检索词间的关系也更复杂多变，能将多种检索要素集合在一个检索表达式中，更加快速、准确、灵活、高效地完成检索。

（三）拟定检索词

1.分析提取课题概念

分析出课题所涉及的主要概念和辅助概念，并找出能表达这些概念的若干个词或词组。

主要概念，也称核心概念，其含义是指课题研究的主要对象。课题研究的主要对象包括课题归属的专业学科名称，还包括课题涉及的具体原理、研究方法、材料工艺、应用领域等。例如，课题"3D打印技术在建筑领域中的应用"的主要概念是"3D打印"和"建筑"。

辅助概念，又称普通概念，其含义是指课题中没有的专业意义的概念。例如，课题"新一代可降解塑料薄膜研究"，其主要概念是"降解塑料""薄膜"，辅助概念是"新一代"。

禁用词。所谓禁用词，是指没有实质检索意义，在检索过程中一般不使用的词，包括介词、冠词和连词等虚词；也包括没有事物含义的普通名词、代词、动词和形容词，如"研究""技术""过程""问题""关于""基于"等。

2.拟定检索词的方法

（1）切分

切分是对课题的语句以自由词为单位进行拆分，转换为检索的最小单元分割，自由词切分仅适用于自然语言检索。例如，检索"负载催化剂的性能与制备"相关文献，可直接切分为"负载/催化剂/的/性能/与/制备"。当词切分后将失去原来的意思时，不应再切分，即必须注意保持意思的完整，如"中国科学院"不可切分为"中国"和"科学院"，这类不可切分的词一般是一些专用名词，如地名、机构名等。

（2）删除

删除是对自然语言中不具有实质性检索意义的介词、连词、冠词等虚词，或使用频率较低的词，或专指性太高、过分宽泛的词，或过分具体的限定词、禁用词，一这些词律予以删除。例如，"与""的""关系""研究""技术""方法""分析""应用""运用""利用""发展"等都应予以删除。

在分析提取课题概念的过程中，有些检索词中已经含有的某些概念，在概念分析中应予以排除。例如，课题"玻璃纤维增强石膏制品"，从字面上看，这个课题可分为三个概念，即"玻璃纤维""增强""石膏制品"，但石膏制品中加入玻璃纤维，其目的就是增强石膏制品，因此可将"增强"这一概念排除。又如，课题"内弹道高温高压高密度的气体状态方程"，如果把"内弹道""高温""高压""高密度""气体""状态方程"六个概念全部组配起来，会造成大量漏检。实际上，内弹道状态方程必然是高温、高压、高密度的，而且弹道状态方程也必然是针对气体而言的。

（3）替换

对表达不清晰或易造成检索误差的词，用更明确、具体的词进行替换。例如，"绿色包装"中的"绿色"，应替换为"环保""可降解""无污染"等。

（4）补充

补充是进行同义词、近义词、相关词、缩写词、翻译名等方面的查缺补漏。例如，"二氧化钛"应考虑补充"TiO_2"。

（5）组合

组合是对概念进行语义上的组配、合并，使概念的集合转换为主题词的集合。自由词的概念组合方式有四种：

①概念相交组合，即内涵不同、外延部分重合的两个相同性质概念之间的组配。组配的结果形成一个新概念，这个概念分别属于这两个概念的下位概念。

②概念限定组合，即两个不同性质概念之间的组配，其中一个概念反映了另一概念的某一方面、某一特征或时空中的某一部分。限定的结果形成一个新概念，它表示该事物的某一方面或某一特征。例如，数学+基础理论=数学基础理论。

以上两种组配方式所得到的新概念都是原组合概念的下位概念，这缩小了检索范围，提高了概念的专指度，提高了查准率。

③概念概括组合，即两个或两个以上的同级概念相加或并列，组合的结果形成一个新概念，作为原来概念的属概念。例如，文学理论+艺术理论=文艺理论。

④概念联结组合，这种组配表示几个概念之间的联系，并不形成新的概念。例如，档案学+图书馆学=档案学和图书馆学。

组合的条件有以下几种：

①当组配表达会产生意义失真时，不用组合表达。例如，用"蘑菇"和"战术"两个词来组合表达"蘑菇战术"这个概念；"蘑菇"一词在检索时独立使用会产生误检，所以应直接采用专指性词组，即用"蘑菇战术"这一词。

②某些专业词汇和专有名词不必用组配，可直接采用专指性词组，如"收录两用机"。

③当组配表达没有达到目的时，就采用专指性词组。例如，"文化水平"一词就不必分拆成"文化"+"水平"。因为，"水平"一词并没有检索意义，不能成为一个检索词。

（6）增加

对于提取的检索词，除具有所期望的意义外，是否还有其他含义，如果有，就应该给它增加"限义词"，分析其隐含概念。

增加"限义词"的方法主要有：直接增加限义词、挖掘隐含词、提取潜在的检索词，还可以把限义词以逻辑的方式加入，采用逻辑"与"或逻辑"非"的方法来增加。

分析隐含概念就是挖掘潜在的主题词，还可通过对上位词、下位词、同类词的关系进行分析得到其他相关主题词。例如，检索"F-117A 隐身战斗机"相关文献，主题词是"隐身飞机"和"F-117A 飞机"，隐含主题是"武器"。又如，"智力测试"，隐含着"能力测试""态度测试""创造力测试"等概念。

（四）制定、调整和优化检索式

1.制定检索式

检索式是既能表达检索课题需求，又能为计算机识别的检索表达式，其构成包括检索词、检索字段和检索算符。检索词、检索字段、检索算符等在前文已有叙述，此处主要介绍检索字段的具体选择。

检索字段是指文献信息的特征项目，对应数据库中的字段标目，是检索的出发点。以前常用"检索途径"这一术语，现在常用的名称有检索项、检索入口、检索点等。

常用的检索字段主要有：分类、主题、作者、团体作者、篇名、摘要、关键词、号码等。每种文献均有内容特征及其相关的外表特征，分类、主题等字段反映文献信息的内容特征，作者、名称和号码等字段反映文献信息的外表特征。检索时从文献的特征出发，将其特征值与检索系统中标目数据进行计算比较，通过匹配达到检索目的。

（1）分类字段

分类字段检索是从文献内容所属的学科类别出发来检索文献，它依据的是一个可参照的分类体系，具体表现为分类表、分类目录、分类索引、分类导航、分类专辑等，检索时可使用分类号或分类类目。分类字段检索能满足族性检索的需求，查全率较高。

（2）主题字段

主题字段检索是以课题的主题内容为出发点，按主题词（包含关键词、叙词、标题词等）来查找文献。主题字段对应文献主题概念，主要包括题名、关键词、摘要。以主题作为检索途径能满足特性检索的需求，查准率较高，适合查找比较具体的课题。

（3）作者字段

作者字段检索是从文献的作者姓名出发来检索其文献。作者包括个人作者和团体作者。个人作者广义上还应包括汇编者、编者、主办者、译者等，团体作者包括作者所在单位。

（4）名称字段

名称字段检索是从各种事物的名称出发来检索文献信息。名称包括书名、刊名、资料名、出版物名、出版社名、会议名、物质名称、人名和机构名等。书名索引、会议名称索引、书目索引、刊名索引等，它们都提供了从名称进行检索的途径。

（5）号码字段

号码字段检索是以号码特征来检索文献信息。号码包括文献的编号、代码等，它们是文献信息的一些特有的外表标志。号码多种多样，通常用数字、字母或用它们结合的形式或以分段的方式来表示其各部分的含义。例如，图书有国际标准书号 ISBN，期刊有国际标准刊号 ISSN，科技报告有报告号、合同号、拨款号等，专利文献有专利号、入藏号、公司代码等，馆藏单位编有馆藏号、索取号、排架号等。它们各自按号码顺序，以数字、字序或混合序列检索，比较机械、简单，有效避免错检或漏检。若已知书名、刊名、作者姓名或序号数码的文献，则可直接判断该文献的有无。

2.调整和优化检索式

检索是一个动态的随机过程。在实施检索之后，要对检索结果进行评估，判断检索结果是否理想，再根据结果情况，进行调整和优化检索式的操作。

一般来说，初次检索得到结果后，大致浏览检索结果，分析其全面性、准确性、新颖性等方面的检索效果，再据此调整和优化检索式。如果检索出来的文献量太多，就需要考虑适当缩小检索范围，减少检出量；反之，则要采取相反的措施。这个过程可以进行多次，直到接近相对更优的检索效果。

若出现显示太多与研究课题无关的记录，显示太少与研究课题相关的记录，没有与研究课题相关的记录等情况，都必须重新思考并建立检索命题，对检索策略进行优化，进行缩检或扩检。

调整检索式，可以从构成检索式的三个部分入手，检索词、检索字段、检索算符都可以修改。

从检索的整体流程看，除了检索式可以调整，其他各步骤涉及的事项也可以根据需要灵活进行调整，包括检索工具、各种限制条件等。

3.检索式编制的注意事项

不同的课题，不同的检索目的，有不同的检索方法和策略。一般来说，使用逻辑"与"算符越多，专指性则越强，查准率就越高；使用逻辑"或"算符越多，检索范围就越大，查全率就越高；使用逻辑"非"算符去掉不相关的概念，也可提高查准率，但用时要慎重，以免漏检。另外，在制定检索策略时，不要连续使用多个位置和逻辑算符，以免限制过严而导致漏检文献。

（五）获取和管理检索结果

1.浏览和分析检索结果

浏览检索结果，如果内容相关，则可及时完整地记录保存，以备后续查看或进一步索取原始文献。检索者可以充分利用检索工具或数据库的多种浏览和排序功能，高效浏览检索结果。

由于数据库等检索工具常常收录了海量文献，所以检索到的文献信息量往往也数量巨大，导致人们无法有效地全部阅读使用，所以通常需要对获得的检索结果进行分析，以便对信息进行有效利用。有很多数据库提供了对结果的分析功能，可以对结果进行多角度的聚类、排序、过滤等操作，要学会充分利用数据库自带的分析功能，总体上把握检索结果反映出的信息。

2.选择和记录文献线索

检索者可以按照自己的需求和检索工具提供的不同格式，对选中的文献进行标记、记录、导出、关注、分享、收藏、打印、保存、下载、邮件订阅等各种操作。

3.获取文献原文

当文献类型和出版物的全称明确以后，检索者即可利用各种馆藏目录或联合目录查找所需文献的收藏机构，进行借阅或复制；通过网络全文数据库检索，直接下载得到原文；通过搜索引擎搜索获得部分原文；通过作者个人主页或博客获得原文；与作者联系获得原文；通过馆际互借、文献传递等方式获得原文；等等。

第五节 信息检索步骤

一、全面分析检索课题

查找信息资料，首先必须对检索的课题进行分析研究，明确检索要求，掌握与课题有关的基本知识、名词术语，以确定该课题需要查找的文献类型、所属学科、时间年代、语言种类等，还要明确该课题的检索目的，了解该课题是为了成果查新与鉴定还是为了申报课题等，从而确定该课题需要检索的深度和广度。

其次，要明确检索课题的主题内容，能准确、完整地表达主题概念，这是一个需要花费精力和慎重处理的环节。检索者除了能对概念进行分析外，还要学会结合学科背景、专业知识，进一步挖掘隐含的概念。

一般以手册、百科全书、专著、综述等三次文献作为分析课题的手段，因为这些三次文献是与课题相关领域的学术专家和权威机构对以往研究的总结，既有高度又有深度和广度，让人们对该领域的研究总体上了解和把握，同时可以对背景知识和相关名词术语做全面了解。

二、选择相应的检索工具或检索系统

目前检索工具或检索系统繁多，各具特色，收录的文献学科、类型、国别、语种范围均各有侧重，在全面分析检索课题的基础上，对信息形式需求、学科属性、经费支持等因素综合考虑后，选择检索工具或检索系统。正确选择检索工具或检索系统，是保证检索成功的基础。选择检索工具或检索系统必须从以下几个方面考虑：类型是否满足要求；学科专业范围是否与检索课题的学科专业相吻合；收录的文献类型、文献存储年限、更新周期是否符合检索需求；描述文献的质量，包括对原文的表达程度、标引深度、专指度如何、是否按标准化著录；提供的检索入口是否与检索课题的已知线索相对应。

三、选取关键词

如今，在计算机检索系统中，检索界面友好、功能强大、简单易用，用户无须进行太多的培训，就能从事计算机检索。但从用户使用计算机检索的实践看，检索的效果远不如预期。在进行计算机检索时，检索用词选取得准确与否，往往成为检索成败的关键。检索词的选取规律一般有以下几种：

（一）隐性的主题词的寻找

所谓隐性主题词，就是在题目中没有文字表达，经分析、推理得到的有检索价值的概念。例如，课题"能取代高残杀菌剂的理想品种"，其主题只有"杀菌剂、（新）品种"，但其没有直接表达，而实际隐含有"高效低毒农药"的隐性主题。

利用字顺表查寻隐性主题。字顺表中的主题款目包括属、分、参见等项，其中属、分项可用于查寻从属隐性主题，如战斗机属军用飞机，分项战斗轰炸机；参见项可用于查寻相近隐性主题，如光纤通信参见光学纤维、玻璃纤维、纤维光学等。

利用词族表查寻隐性主题。词族表具有按词间等级关系成族展开的特点，可用于查寻隐性主题，如检索课题"高温合金"，在族首词"合金"下可查到耐热合金、镍铬耐热合金、超耐热合金、镍耐热合金等。

利用范畴表查寻隐性主题。范畴表具有把相同专业主题词集中的特点，可用于查寻隐性主题，如检索课题"飞机舱"，在"航空器"类中可查得炸弹舱、座舱、增压座舱、可抛座舱、短舱、吊舱、发动机舱。

（二）检索词概念相同或相近词的运用与选定

同义词和近义词在检索中占有重要地位。同一事物有不同的名称，在汉语中有，在英语中也有，有的是习惯语，有的是科学用语，有的是别名，等等。同义词、近义词同时并存，影响了检索的效果，如"制备""制造""合成""生产"等，每一个关键词下面均能找到文献，但若采用其中一个关键词去检索，往往只能找到其中的一部分文献，导致漏检、误检。

（三）上位词或下位词的选取

上位词、下位词的检索方法有两种：一是直接采用"扩展检索"。这种方法是考虑主题概念的上位概念词。如课题"加氢裂化防污垢的开发与应用研究"，将"加氢裂化"与"防污垢"组配，结果等于零，概念向上位"石油加工与石油炼制"的概念扩大，再与"防垢剂"组配，就完成了课题的要求。二是直接采用"缩小检索"，这种方法是考虑主题概念的下位概念词。如检索植物油时，概念向下位，如玉米油、花生油、棕榈油等。

（四）异称词的选取

学名与俗名，如马铃薯与土豆、乙酰水杨酸与阿司匹林。有商品名或俗名时，最好将化学物质名称与它们联合起来使用。例如检索"苯扎溴铵"的文献，由于该物质商品名叫"新洁尔灭"，所以在检索时也要将这个名称考虑进去，用物质名称与商品名组配检索。

异同与音译，如电动机与马达、逻辑代数与布尔代数、形势几何学与拓扑学、激光器与"莱塞""镭射"等。

（五）简称与全称的选取

需要注意的是，当检索的全称词里含有简称词时，则只用简称；当简称里不含全称时，检索时必须两者均用。如"肾综合征性出血热"和"出血热"，只查"出血热"即可；而"艾滋病"和"获得性免疫缺陷综合征"，则用"艾滋病 OR 获得性免疫缺陷综合征"查询。

（六）检索词的准确翻译

如中文"超分子"的错误译法是 micro molecular，正确译法为 super molecular；中文"数字通信"的错误译法是 number communication，正确译法为 digital communication。

四、构造检索式

一个好的检索式是最终实现检索策略、达到预期结果的具体表现形式。

影响查全率的因素主要有：检索词是否已扩大到穷尽，是否合理应用逻辑"或"来优化检索，是否对课题检索策略做了必要的扩大。

影响查准率的因素主要有：是否尽量选用了专指度较高的检索词，是否尽量采用了逻辑"与"、逻辑"非"和位置算符进行优化检索，是否对所检课题作了范围内的有效限制，等等。

五、调整检索策略

检索策略是指在分析信息检索需求的基础上，选择适当的数据库并确定检索途径和检索词，确定各词之间的逻辑关系与检索步骤的一种计划或思路，以确定出检索表达式，并在检索过程中修改和完善检索表达式。检索表达式是检索策略的具体体现，构造检索表达式要受到检索策略的指导和约束。

从广义上讲，检索策略是指为实现检索目标而制订的全盘计划和方案；从狭义上讲，检索策略是指检索表达式。因此，检索表达式是检索策略的综合体现，通常由检索词和各种逻辑算符、词间位置算符及系统规定的其他连接符号构成。

（一）正确表现主题词

课题由 A、B、C、D、E、F 等主题概念进行组配，其中"C"为主题词，当建库人员未从原始文献中挑选出来作为标引词时，该"C"主题词则表现为零，则整个检索式等于零。例如，课题"利用基因工程的手段提高植物中淀粉含量"不用检索式"基因工程*淀粉"，而用检索式"基因*淀粉"。

（二）选用合理词义的词

词义泛指度过大的词尽量不要出现在检索式中，如展望、趋势、现状、近况、动态、应用、利用、用途等，还有如开发、研究、方法、影响、效率等。

词义延伸过多的词尽量不要出现在检索式中，如制造、制备、生产、加工、工艺等，又如提炼、精炼、提取、萃取、回收、利用等。

（三）查找同义词和异称词

例如，"设备"的翻译有"apparatus、equipment、device"，"汽车"的翻译有"car、automobile、vehicle"，PVC、聚氯乙烯均指 PVC 塑料，等等。

（四）调整检索字段

根据查全率和查准率的要求进行检索字段的调整，如关键词、主题词、摘要、全文之间进行调整。

检索策略是整个文献检索过程的灵魂，它直接影响检索效果的好坏。好的检索策略往往不是一蹴而就的，而是根据检索结果的数量多少及对结果相关性的判断，不断调整检索字段、修改检索词、完善检索表达式得到的。"变"是检索策略的永恒主题，检索策略需要经过"检索—阅读—策略调整—再检索"的过程，随着对课题越来越深入地了解，不断调整，不断完善。在检索过程中，要根据查找的具体情况不断分析、调整检索标识和检索途径，直至达到满意的结果。

第四章 中外文献数据库资源检索

第一节 中文文献数据库资源检索

一、中文文献数据库检索平台

中文文献数据库检索平台的主要特点是平台中包含多个子数据库，并涉及多个学科及多种文献类型。各检索平台除具备基本的检索功能外还提供丰富的文献分析功能，在提供相关文摘信息的基础上均直接提供全文链接。

（一）中国知网

1.中国知网概述

中国知网简称"CNKI"，是由《中国学术期刊（光盘版）》电子杂志社有限公司编辑出版，同方知网（北京）技术有限公司发行的大型综合性中文文献数据检索平台。其提供"CNKI系列数据库"产品的检索服务，是一个大规模集成中国的期刊、博硕士学位论文、工具书、会议论文、报纸、年鉴、专利、标准、科技成果、古籍等各类文献资源的大型全文数据库和二次文献数据库。

（1）资源介绍

①中国学术期刊网络出版总库

该库收录了中国1915年以来公开出版发行的学术期刊（含英文版）的全文文献，涉及基础与应用基础研究、工程技术、高级科普、政策指导、行业指导、实用技术、职业指导等学科领域类。

②中国博士学位论文全文数据库

该库是国务院学位委员会指定的唯一博士学位点评估依据数据库。

③中国优秀硕士学位论文全文数据库

该库是国务院学位委员会指定的唯一硕士学位点评估依据数据库。

④中国重要会议论文全文数据库

该库汇集了国内外10500余家重要会议主办单位出版的学术会议文献，是中国第一个连续出版重要会议论文的全文数据库。

⑤国际会议论文全文数据库

该库汇集了国内外 4000 余家授权单位推荐的 7049 次国际学术会议的学术会议文献（多数为自然科学领域）。

⑥中国重要报纸全文数据库

该库是我国第一个以重要报纸刊载的学术性、资料性文献为收录对象的连续动态更新的报纸全文数据库。

⑦中国年鉴网络出版总库

该库全面展示了我国纸质年鉴资源的原貌，对 4100 多种年鉴内容以条目为基本单位进行了重新整合、标注和归类入库。

⑧中国工具书网络出版总库

该库收录的工具书类型包括汉语词典、双语词典、专科辞典、百科全书、鉴赏辞典、图谱、年表、手册等，其内容涵盖自然科学、工程技术、农业、医学、哲学与人文科学、社会科学、经济管理等方面。它以全学科、多领域的"总库"整合模式，构建了完整、系统、规范和有序的知识库，提供字、词、句、专业术语、事实、数据、人名、地名、翻译等百科知识检索服务。

（2）主页介绍

登录网址 http://www.cnki.net，即进入"中国知网"数据库检索平台主页面。读者可根据需要选择出版物检索、跨库检索、单库检索以及特色导航等不同的检索界面。此外，主页面还提供了作者投稿、学术不端检测、学习研究、作者投稿等特色信息服务。

（3）中国知网的检索方法

中国知网提供了丰富的检索界面及检索途径。下面介绍常用的一框式检索、跨库高级检索、单库检索。

①一框式检索

中国知网检索平台主页面默认的是一框式检索，其提供了全文、主题、篇名、作者、单位、关键词等多个检索途径。用户可直接选择检索途径，在检索框中输入检索词，进行相关文献的检索。"文献"选项默认为"期刊""博硕""会议""报纸""年鉴"多种出版类型。

②跨库高级检索

在主页面上点击"高级检索"即可进入跨库检索的"高级检索"界面。在该界面下用户可以点击"跨库选择"选择与课题相关的数据库，如果不进行选择，系统将在期刊、博硕士论文、会议、报纸、年鉴等多个数据库进行检索。高级检索有一般检索、专业检索、作者发文检索、科研基金检索、句子检索等多种检索界面供用户进行选择。

③单库检索

用户点击中国知网主页面上的数据库标签，即可选择一个具体的数据库进行单库检索。

单库检索是针对一种特定文献出版类型进行的检索，提供比跨库检索更为丰富的检索途径和检索范围等选择。这里以"中国学术期刊网络出版总库"为例，对其进行介绍。

A. "中国学术期刊网络出版总库"检索界面

选择"期刊"进入"中国学术期刊网络出版总库"的检索界面。"中国学术期刊全文数据库"提供了"文献检索"和"期刊导航"检索界面。根据学术文献检索的需要，"文献检索"又提供了高级检索、专业检索、作者发文检索、句子检索、一框式检索等检索界面。

一般检索。一般检索是"中国学术期刊网络出版总库"最基本的一种检索界面。用户可选择检索途径、时间范围、期刊来源、感兴趣的学科领域，输入检索词以及利用相关的文献组配进行检索。

高级检索：在"一般检索"的基础上增加"支持基金""作者""作者单位""来源期刊"等选择框，更便于用户直观使用数据库的检索功能。

专业检索：使用逻辑运算符和关键词构造检索提问式进行检索，适合于专业人员使用。

学科导航：数据库将期刊论文划分成基础科学、工程科技Ⅰ、工程科技Ⅱ、农业科技、医药卫生科技、哲学与人文科学、社会科学Ⅰ、社会科学Ⅱ、信息科技、经济与管理科学十大专辑。十大专辑下分为168个专题，提供了以168学科导航为基础的文献导航。用户可利用该"导航"控制检索的学科范围，提高检索准确率及检索速度，也可以直接勾选某学科，不输入任何检索词，选择某一时间范围，检索出该时间范围内的某专题的全部文献。

B. "中国学术期刊网络出版总库"检索

利用"中国学术期刊网络出版总库"单库检索可以检索文献、浏览并下载全文，分析检索结果，并在此基础上扩展文献及拓展文献线索。

利用"高级检索"检索文献，该检索过程规范为四个步骤：

第一步：利用学科导航体系，选择学科范围。

第二步：输入时间、支持基金、文献来源、作者（或作者单位）等检索条件。

第三步：输入篇名、主题、关键词、摘要、参考文献、中图分类号等内容检索条件；同一检索途径的两个关键词之间可选择"并含""或含"或"不含"的逻辑组配关系；关键词的匹配方式包括"精确"与"模糊"两种，也可选择多个途径之间的逻辑组配。

第四步：对检索结果的分组排序，反复筛选修正检索式得到最终结果。

检索过程的要点如下：

第一，利用"检索结果"列表分析文献。

检索结果以列表形式展示出来，并提供对检索结果进行分组分析、排序分析的功能。分组类型包括：学科类别、期刊名称、研究资助基金、研究层次、文献作者、作者单位、中文关键词。除了分组筛选，检索结果还可以以发表时间、相关度、被引频次、下载频次、浏览频次等排序。

第二，利用"知网节"扩展文献。

检索到的每一篇文献信息包含篇名、作者、作者单位、摘要、关键词、基金、文献出处、被引频次、下载频次、文内图片、节点文献全文搜索和知网节下载等，其中文献出处显示内容为：刊名（中文/英文）、编辑部邮箱、年、期。

节点文献的"知网节"提供了该文献的"参考文献""相似文献""同行关注文献""相关作者文献""相关机构文献"等，便于用户的进一步检索和研究。

检索到的每篇文献均可通过点击"作者""导师""作者单位""关键词和网络投稿人"中的某一字段获取相关信息，也可以直接链接到点击字段在中国学术期刊网络出版总库、中国博士学位论文全文数据库、中国优秀硕士学位论文全文数据库、中国重要会议论文全文数据库、国家科技成果数据库、中国专利数据库等数据库中包含的相关信息。

第三，利用"全文浏览"获取全文信息。

数据库所有的文章均提供了 PDF 与 CAJ 格式的全文，但必须安装相应的全文阅读器才能够使用。通过相应的浏览器，读者可以在线浏览全文，也可对感兴趣的文章进行下载。

第四，利用"引文网络"拓展文献线索。

节点文献页面还提供了该文献的引文网络示意图。根据网络图，可找出该文献的"参考文献""引证文献""共引文献""二级参考文献""二级引证文献""同被引文献"等信息，以帮助用户更加深入地了解与该课题相关的文献信息。

（4）一站式导航检索

用户可以点击中国知网主页面上的"特色导航"标签进入中国知网的"特色导航主页面"，通过该页面可以进行一站式导航检索。

中国知网的一站式导航整合了"期刊""博士学位授予单位""硕士学位授予单位""会议论文集""报纸""年鉴""工具书"多个导航体系，并为全部文献提供了来源分类。其"来源分类"依旧源于其十大专辑 168 个专题的分类。下面以"期刊导航"功能为例，介绍中国知网的导航检索。

期刊导航功能满足用户从已知刊名检索文献的需要。用户可以在期刊检索项的下拉菜单中选择"期刊名称、ISSN、CN"，在检索框中输入相应的检索词进行检索。

每一种期刊均列出了详细的期刊出版信息、所有的刊期，用户可直接在此页面浏览某一期的所有论文。此外，系统还提供基于某一种期刊进行的文献检索。

此外，系统提供了从专题进行期刊检索的需求，用户可以直接选择某一专题，列出此专题全部的相关期刊列表。"期刊导航"按期刊的不同属性对期刊进行分类，其分类包括：首字母导航、专辑导航、世纪期刊导航、核心期刊导航、数据库刊源导航、期刊荣誉榜导航、中国高校精品科技期刊导航、刊期导航、出版地导航、主办单位导航、发行系统导航等等。

（二）万方数据知识服务平台

"万方数据知识服务平台"是由北京万方数据股份有限公司开发的一个综合性数据库检索平台。该平台在巩固现有全文数据库的基础上，大力开发期刊、学位论文、学术会议论文、科技成果、企业技术等文献的相互引证体系，形成了一个智能、开放的中外文综合文献整合服务系统。

1.资源介绍

（1）中国学位论文全文数据库

该库收录中国 600 多家学位授予单位的学位论文，涉及全国大部分高校、中国农科院、中国林科院、中国医科院、中国工程院、中国社科院等机构的重点精选博硕士论文。

（2）中国学术期刊数据库

该库收录的期刊以核心期刊为主，是万方数据知识服务平台的重要组成部分，集纳了多种科技及人文和社会科学期刊的全文内容。

（3）中国学术会议文献数据库

该库主要收录 1983 年以来由中国国家级学会、协会、研究会组织、部委、高校召开的全国性学术会议论文，学术价值较高，内容涵盖自然科学、人文、社科、理学、经济、工业技术、文体教育、医学等各学科领域。同时收录中文与西文会议论文。

（4）中国法律法规数据库

该库收录了自 1949 年中华人民共和国成立以来，全国人民代表大会及其常务委员会、国务院办公厅、国务院各部委、最高人民法院和最高人民检察院以及其他机关单位所发布的国家法律、行政法规、部门规章、司法解释以及其他规范性文件。

（5）中外标准数据库

该库收录中国国家标准、建设标准、建材标准、行业标准及国际标准、国际电工标准、欧洲标准以及美、英、德、法等国国家标准和日本工业标准等各类标准题录。

（6）中国科技成果数据库

该库是中华人民共和国科技部指定的新技术、新成果查新数据库。其收录了自1980年以来国内的科技成果及国家级科技计划项目，范围有新技术、新产品、新工艺、新材料、新设计，涉及自然科学的各个学科领域。

2.主页介绍

登录网址 http://g.wanfangdata.com.cn 即进入"万方数据知识服务平台"主页面。读者可根据需要选择一框式检索、高级检索、查新/跨库检索等不同的检索界面。此外，主页面还提供了论文相似性检测、知识网络分析、学术统计分析、科技文献分析、万方学术圈等特色检索咨询服务，并提供了专利工具、国家经济统计数据库的链接。

3.万方数据知识服务平台检索方法

（1）一框式检索

万方数据知识服务平台主页面默认的为一框式检索，用户可直接在检索框中输入关键词或检索表达式，根据需要选择"学位论文"检索或"期刊""学位""会议"等某一特定文献类型的检索。

（2）查新/跨库检索

用户点击万方数据知识服务平台主页面的"高级检索"或"查新/跨库检索"均可进入系统的查新/跨库检索页面。该页面有"高级检索"和"专业检索"两种界面供用户进行文献类型选择、检索途径选择，以便更精确地检索文献。

（3）导航浏览检索

万方数据知识服务平台的主页面提供了导航浏览检索，在检索框为空的前提下用户可以点击页面上的导航标签进入某一种文献类型的导航体系。该系统提供了学术期刊、学位论文、会议论文、科技报告、专利、标准、科技成果、法律法规等导航体系。

4.全文的获取

通过万方数据知识服务平台检索到的文献信息，可根据学科等进行文献分类，进一步筛选某一学科的文献，也可对现有检索结果进行二次检索。其全文获取提供了"直接下载""文献传递"两种方式。万方数据知识服务平台的外文文献检索只能提供检索结果的文摘信息，如想获取全文，必须通过该平台的"文献传递"服务完成。该服务由国家科技图书文献中心（NSTL）提供，用户可根据系统要求输入相关信息，提交原文传递请求，NSTL会在约定时间将请求的文献发送至用户指定的邮箱。

5.学者知识脉络检索

"学者知识脉络检索"是万方数据知识服务平台推出的一项新服务，它以上千万条数据为基础，以主题词为核心，统计分析所发表论文的知识点和知识点的共现关系，并提供多个知识点的对比分析。体现知识点演变及趋势，体现知识点在不同时间的关注度，显示知识点随时间变化的演化关系，发现知识点之间交叉、融合的演变关系及新的研究方向、趋势和热点。

（三）维普期刊资源整合服务平台

1."维普期刊资源整合服务平台"概述

"维普期刊资源整合服务平台"（以下简称"维普"）是重庆维普资讯有限公司开发的集合期刊资源，它是从一次文献保障到二次文献分析再到三次文献情报加工的专业化信息服务整合平台。"维普"资源主要包括以下几种：

（1）中文科技期刊数据库

该库收录的中文期刊涉及学科领域为：社会科学、自然科学、工程技术、农业科学、医药卫生、经济管理、教育科学和图书情报。

（2）中文科技期刊数据库（引文版）

该库是维普在 2010 年推出的文摘和引文索引型数据库，采用科学计量学中的引文分析方法，对文献之间的引证关系进行深度数据挖掘，除提供基本的引文检索功能外，还提供基于作者、机构、期刊的引用统计分析功能，可广泛应用于课题调研、科技查新、项目评估、成果申报、人才选拔、科研管理、期刊投稿等。该库收录文摘覆盖 8000 多种中文科技期刊，引文数据加工追溯至 2000 年。

（3）中国科学指标数据库

该库是维普公司 2009 年正式推出的一款全新资讯类产品。它是基于引文评价的事实型数据库，是衡量国内科学研究绩效、跟踪国内科学发展趋势的有力工具。它涵盖了理、工、农、医和社会科学等方面的 4000 余种中文期刊和百万级中国海外期刊发文数据。用户可以查看关于学者、机构、地区、期刊的科研水平及影响力评价，并了解当前国内的科研动态、研究热点和前沿。该产品具有内容全面、数据客观、评价公正等显著特征。

（4）外文科技期刊数据库

该库对题录字段中刊名和关键词进行汉化，帮助检索者充分利用外文文献资源，并联合国内 20 余家图书情报机构提供方便快捷的原文传递服务。

2.主页介绍

登录网址 http://cstj.cqvip.com，即进入"维普期刊资源整合服务平台"的主页面。该主页面主要功能模块，即期刊文献检索、文献引证追踪、科学指标分析、期刊引证报告、搜索引擎服务。用户可以通过点击模块标签直接使用相应数据库的检索服务。

3.维普期刊资源整合服务平台检索方法

（1）期刊文献检索

"期刊文献检索"是维普期刊资源整合服务平台最主要的一项服务，是基于"中文科技期刊数据库"进行的一项检索服务。主页面默认的就是期刊文献检索，系统提供了基本检索、传统检索、高级检索、期刊导航以及检索历史五个选项。下文主要介绍基本检索和传统检索两个选项。

①基本检索

"期刊文献检索"默认的是"基本检索"界面。该界面直接提供"题名""关键词""作者""机构""期刊检索"等多个检索途径的选项，同时还提供了期刊范围、学科范围以及时间范围的选项。用户还可根据需要增加或减少检索框，进行任意检索入口"与""或""非"的逻辑组配检索。该界面能够帮助用户快捷地检索出所需要的期刊论文。

②传统检索

传统检索使用专用的检索界面。检索功能非常丰富，可实现同义词索引功能防止漏检、同名作者功能缩小检索范围检索等特殊检索请求，其适合对查准率和查全率要求高的检索者使用。

（2）文献引证追踪

文献引证追踪是期刊文献引用分析平台。它是基于"中文科技期刊数据库（引文版）"的服务，通过"基本检索""作者索引""机构索引""期刊索引"实现引文索引和基于作者、机构、期刊的引文分析统计。用户不仅可以选中一篇期刊论文，查看其"相关文献""参考文献""引证文献""耦合文献"，还可以同时选中关于某一研究主题的多篇文章，查询有关这些论文的"参考文献"或者"引证文献"情况，对关于此主题的引用进行追踪。同时，系统提供了排除自引等更详细的操作。

二、中文电子图书数据库资源

中文电子图书数据库资源提供了中文电子图书的检索服务，这里选取最常用的三种中文电子图书数据库进行介绍，即读秀学术搜索、书生之家数字图书馆和超星数字图书馆。其中书生之家数字图书馆和超星数字图书馆是出现较早的电子图书资源，其系统除提供收录的电子图书的多途径、多界面检索服务，还提供整本图书的在线逐页阅览，让用户有一种阅读纸本图书的体验。但受图书版权和容量等限制，该类电子图书数据库收录的图书总量有一定的局限。读秀学术搜索不同于传统电子图书的服务，它虽无法浏览整本图书，但具有数量更为庞大的图书种类以供检索，并借助馆际互借方式提供了一种全新的图书全文阅读体验。

（一）读秀学术搜索

1.读秀学术搜索概述

读秀学术搜索是北京世纪读秀技术有限公司开发的由海量图书等文献资源组成的庞大的知识系统，是一个可以对文献资源及其全文内容进行深度检索，并且提供原文传送服务的平台。读秀学术搜索收录六百多万种中文图书题录信息，可搜索的信息量超过十亿页，为读者提供深入图书内容的全文检索服务，并实现了本馆购买的纸质图书和超星电子图书数据库电子图书的整合。

2.读秀学术搜索检索方法

登录网址 http://www.duxiu.com，即进入读秀学术搜索主页面。

主页面提供了图书、期刊、报纸、会议论文、学位论文等文献资源的检索查询。为了满足不同人群的需要，除简单检索外还提供了高级检索、专业检索两个入口。

（1）搜索图书

点击主页面的图书标签，直接进入搜索图书界面。主页面列出"热门图书""收藏排名"，通过更直观的方式将目前系统中受欢迎的图书推荐给用户以阅读时参考，并为搜索图书提供了分类导航、普通检索、高级检索、专业检索四种检索方式。下文主要介绍前三种。

分类导航。系统参照中图法列出相应的图书类目，点击"分类导航"，用户可以通过学科列表逐级对系统收录的图书进行浏览。

普通检索。在主页面搜索框直接输入关键词，关键词可定位到全部字段、书名、作者、主题词、丛书名、目次，点击"中文搜索"，系统将在中文图书数据资源中进行查找。

高级检索。高级检索界面提供了更为方便精准的检索方式。系统列出了常用的检索项字段，如书名、作者、主题词、出版社、ISBN 等，用户可根据需要在字段对应的空白文本框中输入信息，点击"高级搜索"，可以更准确地检索到所需要的图书。分类字段还提供了图书类目让用户选择，用户也可在此页面限制检索年代和搜索结果的显示条数。

（2）搜索知识

在读秀学术搜索的首页面选择知识频道，在搜索框中输入关键词，点击"中文搜索"，系统将在海量的图书数据资源中，围绕该关键词深入图书的每一页资料中进行信息深度查找。

（二）书生之家数字图书馆

1.书生之家数字图书馆概述

"书生之家数字图书馆"由北京书生数字技术有限公司于 2000 年创办，涉及文、理、工等领域科研和教学方面的文献资源，其收录的资源多数是 1999 年后出版的图书，并提供资源的持续更新服务。每种电子图书均提供详细的书内目录导航，以便用户方便、快捷、精确地阅读。

书生公司采用国内外领先的、有自主知识产权的中文信息数字化技术——全息数字化技术，使得原版信息能够完美重现，使用文本形式存储，并提供文字摘录、图片下载、全文检索功能。

2.书生之家数字图书馆检索方法

书生之家提供镜像安装和在线使用两种方式，这里以大连海事大学镜像版为例，介绍其检索方法。书生之家数据库的主页面，提供了分类浏览检索、基本检索、高级（组合）检索三种主要检索方式。

（1）分类浏览检索

系统有书生法和中图法两种分类模式供用户选择，其类目均提供给了多级选择。

点击分类列表中任意分类，系统将列出该类的全部图书，点击结果列表的具体图书中的"全文"，便可自动启动电脑中已安装好的书生阅读器，实现全文阅读。用户也可以在全部分类或选择某一具体分类的前提下，选择图书名称、作者、丛书名称、主题、提要，输入关键字，检索感兴趣的图书。

（2）基本检索

此界面提供了"全文检索""组合检索""高级全文检索"三种方式。

全文检索：用户可输入关键词，选择图书内容或图书目录，选择分类，从一个分类或者全部分类中分别检索到相关的信息。

组合检索：在组合检索中，用户可以选择图书名称、出版机构、作者、丛书名称、ISBN、主题、提要字段中的一个或多个检索途径，并利用它们之间的"与"和"或"的逻辑关系来进行查询。

高级全文检索：用户通过高级全文检索，可以在分类中，根据全文或者目录，进行单词、多词、位置、范围等方面更加精准地检索。高级全文检索是非常专业的检索，适合于对检索提问式熟悉的专业检索者使用。

（3）高级（组合）检索

高级（组合）检索可以实现图书的多条件检索，其提供了图书名称、作者、丛书名称、主题等不同字段间的逻辑组合检索功能，使用组合检索，可将检索结果精确到某一具体的一本或者某一类图书，这种检索方式适宜对检索目的性要求高的检索者。

3.全文阅读器的使用

阅读书生之家的电子书之前必须正确安装相应的书生阅读器,该阅读器可通过主页面的"软件下载"栏目进行下载。检索到图书,用户均可直接点击"全文",系统将自动启动书生之家阅读器进行阅读。

阅读电子图书时,用户可进行章节选择,进而逐页阅读,也可在此本书中进行相关内容查找,并对感兴趣的内容进行摘录,用户也可根据需要进行图书的下载、打印。

(三)超星数字图书馆

1.超星数字图书馆概述

超星数字图书馆是由北京世纪超星信息技术发展有限责任公司开发的中文数字图书馆。

2.超星数字图书馆检索方法

超星数字图书馆提供了在线和镜像两种访问方式。超星数字图书馆在线服务主页面提供了丰富的图书推荐栏目,如新书推荐、分类推荐、作者授权专栏、每月排行、特色库专题。系统提供了分类浏览检索、简单检索和高级检索三种图书检索方式,为方便用户使用,系统还建立了"我的图书馆"、站务论坛、阅读器下载、常见问题、资源分享等特色服务栏目。

三、中文考试数据库资源

(一)VIP Exam 考试学习资源数据库

1.VIP Exam 概述

"VIP Exam 考试学习资源数据库"(简称 VIP Exam)是中科软股信息技术(北京)有限公司专门为高等院校开发的一套集日常学习、考前练习、在线无纸化考试等功能于一体的教育资源库软件。现已涵盖外语、计算机、财经、职业资格、工程、公务员、考研、实用职业技能等考试科目。

VIP Exam 还是一个功能完善的自主学习平台。数据库提供了"在线答卷自测练习""错题自动记录""错题重新组卷""交互式学习"等多项学习功能。这不仅可以帮助学生在平时根据需求来进行巩固学习,同时也可以在考前进行专项强化练习和模拟自测。

2.VIP Exam 使用方法

登录网址 http://www.vipexam.org,进入 VIP Exam 数据库主页面。用户可直接点击"进入数据库"来使用该数据库资源。但在第一次使用 VIP Exam 系统时,应先注册一个属于自己的账号，以便于使用 VIP Exam 系统中的个性化学习功能，学习计划、我的题库、错题记录、成绩曲线等功能都存储在用户的个人专属账号内。VIP Exam 主页面分为功能导航区、学科专辑导航区、试卷检索区、学科试卷列表区、试卷概览区。它在功能导航区提供了 9 个功能标签，即模拟自测、日常学习、错题库、辅助学习、学习资料、自建题库、检索导航、在线考场、交互式学习。下文简要介绍 5 项功能。

（1）检索导航

系统在检索导航功能中提供了学科导航与数据检索两个界面。用户可利用学科导航直接浏览相关学科的试卷，也可以根据个人需求选择数据检索查找感兴趣的试卷。

系统提供了快速检索、标准检索、高级检索三种检索界面。快速检索界面相对简单，用户可利用快速检索直接输入相应的科目（关键字）、试卷名称（关键词）或全文（关键字）；用户还可以利用标准检索，选择专辑、试卷类型、发布时间，直接列出相关的试卷；用户也可利用高级检索，选择专辑、试卷发布时间，选择考试科目、时长、答案及解析、知识点等，输入相应关键字进行复杂的逻辑组配检索。

（2）模拟自测

进入数据库后，默认的界面就是"模拟自测"。该功能是 VIP Exam 系统最重要的功能，收录了十大专辑 520 余小类考试科目的历年全真试卷以及全国 10 余所著名高校教育专家编写、整理的模拟预测试卷 2 万余套（数据动态更新），供用户进行日常自主性学习或考前模拟自测。

用户只需检索到感兴趣的试卷，打开试卷即可在线答卷。答卷结束之后，用户可以查看每道试题的正确答案和知识点讲解，并可将试卷保存到"我的题库"中，以便日后重新测试和自我总结。在答卷过程中，如果用户对某道试题的作答存在疑问，或对自己的答案不太肯定，则可以点击该道试题下方的"疑问"按键，待全部作答结束后再来解答该题；答卷结束之后，用户通过点击"控制面板"左下部的"交卷"按键，可以看到每一道试题的正确答案和知识点解析。

（3）日常学习

系统提供专项练习和随机组卷两种功能。

经过模拟自测一套试卷之后，用户在"成绩分析"功能下可以看到自己各个题型的得分情况，从而可以很直观地分析出自己的薄弱题型。对于失分率较高的题型，用户可借助"专项练习"功能实现对该题型有计划性、有针对性地强化练习。

通过随机组卷功能，用户可以利用标准试卷模板，在特定的题库中随机抽取试题组合成模拟试卷进行自我测试。

（4）错题库

用户可以定期将自己答错的试题重新组成一套试卷，供自己进行测试，以检验自己的学习成果。

（5）辅助学习

系统在辅助学习界面提供了"我的题库""学习计划""学习记录""成绩曲线""考试月历""单词巩固"等功能，以便用户更好地利用考试题库资源。

（二）IBCET 大学英语四、六级网考学习数据库

1.IBCET 大学英语四、六级网考学习数据库概述

IBCET，即"大学英语四六级网考学习系统"（Internet-Based College English Test），是中科软股教育事业部组织五十余名技术骨干和高校英语教学专家，历时近一年研发出的一款专业化的英语学习软件。IBCET 系统内既包含了大量的标准四六级网考仿真试卷，又提供了多种专业化的英语学习工具。

2.IBCET 大学英语四六级网考学习数据库使用方法

登录网址 http://www.ibcet.org，即可进入 IBCET 大学英语四六级网考学习系统主页面，点击"进入数据库"即可使用网考系统。该系统包含七个子系统共计 16 项功能模块，即仿真考试、专项练习、研究式学习、学习记录、成绩曲线、学习计划、错题库、词汇学习、难词本、语法知识、网络课堂、考试资讯、在线词典、打字测速、语音复读、交互式学习等。下文主要介绍仿真考试、专项练习、研究式学习和错题库四个模块

（1）仿真考试

"仿真考试"模块是该系统的主要模块，内含海量习题，为学生提供了一个与真实考试完全一致的考试环境。IBCET"仿真考试"模块的考试流程、系统界面、按键布局、考试题型等均与真实考试完全一致，通过 CS 客户端实现。用户需要下载客户端，并进行注册，注册用户登录系统后即可在模拟环境下参加大学英语四、六级网考。

（2）专项学习

仿真考试结束后，学生可以查看分题型显示的成绩单，进而发现自己的薄弱环节或答题正确率较低的题型。学生利用"专项练习"模块，可以对自己的薄弱题型进行专项强化训练。

（3）研究式学习

为达到最佳仿真效果，学生在"仿真考试"模块中答卷时，无法查看试题答案和解题说明。但为了便于学生对自己答过的试卷进行分析总结，系统提供了"研究式学习"功能模块。在该模块中，学生可以查看已答试卷中自己作答记录的正确答案、解题说明、听力文字资料；并且对于听力题型，学生还可以对照听力文字资料反复播放音频文件，直至完全听清、听懂。

（4）错题库

学生通过 IBCET 系统答卷时，所有做错的试题都将被自动保存到"错题库"中。日后学生可以随时通过自己的账号密码登录"错题库"模块，查看以往答错试题的正

确答案、标准解题说明以及自己当时的错误答案，并可以向错题添加自己的解题心得，从而对错题进行分析总结和强化记忆。

（三）新东方多媒体学习库

1.新东方多媒体学习库概述

新东方多媒体学习库是集在线测评、网络课堂、在线考试、多媒体互动平台为一体的"一站式"综合学习平台，包含英语四六级考试、考研、出国留学、应用外语、实用技能、求职指导、职业认证和公务员八大类别课程，全部都是由新东方老师讲解并经过后期多媒体技术制作而成的互动性极强的音频、视频形式的教学课程。除丰富的网络课程外，新东方多媒体学习库还提供大量学习服务。用户通过该数据库资源可以在线参与大量的课程学习，并利用考试服务功能参与各类相关英语试题的考试。此外，系统还提供包括听力晨读训练、英语音频下载等实时英语服务及新东方在线精品课程资料汇总（包括课堂讲义、笔记、习题集、真题讲解等）。

2.新东方多媒体学习库使用方法

登录网址 http://library.kooleam.com，即可进入新东方多媒体学习库主页面，点击主页面上的功能标签，可以进入系统提供的九个功能模块，即课程中心、考试中心、爱学励志、爱学资料、爱学互动、名师、爱学资讯、移动学习、口语空间。以下简要介绍四种模块。

（1）课程中心

新东方多媒体学习库提供以英语学习类为主的课程，其所有课程均可以利用此功能模块进行在线收听、收看。课程中心提供按课程关键字搜索和按课程分类浏览两种课程检索方式。

选择好课程后，用户只需点击"听课"，然后点击左侧"CLASS MENU"界面中任意一个知识点即可播放课程。在课程播放的过程中，不仅可以点击"上一节""下一节"手动控制视频播放次序，还可利用视频下方的学习资源下载课堂讲义，利用学习笔记随时记录学习心得。注册个人用户还可以使用"个人中心"的所有功能，如课程管理、考试管理、收藏课程、考试和记录听课进度等。

（2）考试中心

在线考试提供了全真模拟试题、历年真题、预测试卷等，并增加了"每日一测"和"试题精选"。在该页面，点击左侧"考试分类"，右侧显示相应分类题库；点击"进入题库"后，用户可以根据分类选择相应的试题，并通过输入想要测试的模拟试题的编号进行在线考试答题，也可以进行试卷收藏。通过在线答题，用户还可以检测自己的学习成果。

（3）爱学励志

此模块包含大师讲堂、名师课堂、高分学员经验分享三个板块，通过视频方式提供有关励志演讲、名师讲解考试要点、考试复习技巧、高分学员学习经验谈、备考方法论等。

（4）爱学资料

新东方在线课程提供资料下载服务，内容包括课堂讲义、笔记、习题集、真题讲解、电子期刊，用户可以在这模块直接下载喜欢的资料。为方便用户安排学习，系统通过个人中心服务，帮助用户建立相应的课程、考试、收藏、资料，详细记录用户每次学习的课程及进度。

四、中文多媒体数据库资源

数据库资源中还包含一定数量的视频资源。中文多媒体数据库资源是以中国国内数据商开发的提供视频资源服务为主的数据库。本文主要介绍爱迪科森网上报告厅、万方视频和超星名师讲坛。

（一）爱迪科森网上报告厅

1.爱迪科森网上报告厅概述

爱迪科森网上报告厅（以下简称"爱迪科森"）是由北京爱迪科森教育科技股份有限公司推出的一个大型多媒体视频库。其整合了理工、农林、医学、党政、经济、体育、历史、法律、外语等多个学科内容，全部视频报告内置 12 个学科体系、92 个学科类目、506 个专业学术资源。系统收录的报告取材独特，紧贴时事前沿，人文类访谈独到深刻，理学类报告化繁为简，医学类教学知行合一，农林类注重低碳环保，工学类讲述经典理论。爱迪科森与 300 余家权威机构进行资源的长期合作，其中包括中国国际电视总公司、中国劳动社会保障出版社、中国经济 50 人论坛、环球职业教育在线、凤凰卫视、上海五岸传播有限公司、中共中央党校、中华医学会、山东教育电视台等。

2.爱迪科森网上报告厅使用方法

登录网址 http://www.wsbgt.com，即可进入网上报告厅主页面。网上报告厅有分类导航浏览和检索两种方式供用户进行选择，其系统的检索模式包括"简单检索""高级检索"和"知识点检索"。主页面默认为"简单检索"，用户输入感兴趣的关键词，系统通过视频名称、视频分类、视频讲师、视频简介等基础字段对视频进行检索；"高级检索"采用"并且"和"或者"的逻辑关系对视频名称、视频讲师、视频分类和视频简介等进行更精确的检索，在提供检索词"模糊"与"精确"选择的同时提供视频的发布时间和所属分类的扩展条件检索；"知识点检索"提供所有热词，用户可以选择感兴趣的分类或首字母排序进行查找。

（二）万方视频

1.万方视频概述

万方视频是上海万方数据股份有限公司与上海研发公共服务平台合作推出的以科技、教育、文化为主要内容的学术视频知识服务系统。上海万方数据股份有限公司与中央电视台（今中央广播电视总台）、凤凰卫视、中国科技信息研究所、中华医学会、中国科学院、北大光华等国内外著名专业制作机构进行广泛的战略合作，现已推出高校课程、学术讲座、学术会议报告、考试辅导、就业指导、医学实践、管理讲座、科普视频等适合各层次人群观看的精品视频。现有资源近 90 万分钟，每年预计新增优质资源 6 万~8 万分钟（数据动态更新）。

2.万方视频使用方法

登录网址 http://video.wanfangdata.com.cn，即可进入万方视频主页面，系统有导航浏览与检索两种方式供用户进行视频的选择。

（三）超星名师讲坛

1.超星名师讲坛概述

超星名师讲坛是由北京世纪超星信息技术发展有限责任公司开发的一个在线教育资源。邀请国内外知名专家学者、学术权威，以授权的方式将他们的学术思想和多年研究成果系统地记录、保存并制作成超星学术视频，以互联网为传播媒介，在全球范围进行传播。所有选题拍摄和授课名师均由专业、权威的超星学术视频学术委员会精心策划和挑选，体现"名师、名校、名课、专业、权威、精准、全面、系统、完善"的特点。超星学术视频全部自主拍摄制作，拥有完全自主知识产权，内容覆盖哲学、文学、法学、历史学、经济学、理学、工学、农学、医学、教育学、管理学等领域。

2.超星名师讲坛使用方法

登录网址 http://ssvideo.chaoxing.com，即可进入超星名师讲坛的主页面，用户可以通过专题名、主讲人、主讲单位及全部字段搜索感兴趣的视频，也可利用系统提供的专题分类直接浏览感兴趣的主题的视频列表，点击具体的视频即可在线播放。为帮助用户更好地利用名师讲坛的资源，系统提供名师推荐、排行榜、最新讲座等栏目。

第二节 外文文献数据库资源检索

一、外文综合数据库检索平台

本节主要介绍四个常用的外文综合数据库检索平台。它们的主要特点是平台中包含多个子数据库,并包含多个学科及多种文献类型,收录的文献来源于多个国家和地区。

(一) Web of Science

1.Web of Science 概述

Web of Science 是由美国汤姆森科技信息集团 (Thomson Scientific) 基于 web 开发的知识产权与科技产品,它是获取全球学术信息的重要数据库资源。Web of Science 平台以"Web of Science 核心合集"为基础核心内容,同时整合了发明专利、化学反应、学术专著、学术分析与评价工具等其他重要学术信息资源。在功能方面,Web of Science 平台具备强大的知识发现功能。用户通过对检索结果的分析和精练,以及对分析工具的运用,可以了解课题发展趋势,发现该领域的高产出研究人员、研究机构,发现相关的学术期刊,还可利用引文报告和引文关系图追踪引文活动。

(1) 资源介绍

①Web of Science 核心合集

Web of Science 核心合集由引文索引和化学索引两部分组成。

引文索引包含 3 个期刊引文索引和 2 个会议录引文索引。期刊引文索引有科学引文索引(Science Citation Index Expanded,简称 SCIE)、社会科学引文索引(Social Science Citation Index,简称 SSCI)和艺术与人文科学引文索引(Arts&Humanities Citation Index,简称 A&HCI)。这三个著名的引文索引数据库包含了世界上大部分自然科学、工程技术、生物医学、社会科学、艺术与人文等诸多领域的权威优秀学术期刊。会议录引文索引包括科技会议文献引文索引(Conference Proceedings Citation Index-Science,简称 CPCI)和人文社会科学会议录引文索引(Conference Proceedings Citation Index-Social Science&Humanities,简称 CPCI-SSH)。会议录引文索引收录了 1990 年以来 120000 多次学术会议的 520 多万篇论文(数据动态更新)。

化学索引包含化学结构数据库(Current Chemical Reactions,简称 CCR-EXPANDED)和化学物质索引(Index Chemicus,简称 IC)两个数据库。用户使用这两个数据库可以创建化学结构图以查找化合物和化学反应信息。

②中国科学引文数据库

中国科学引文数据库（Chinese Science Citation Database，简称 CSCD）由中国科学院创建，是我国首个引文数据库，其主要收录国内理、工、农、医等领域优秀的学术期刊。

③INSPEC 数据库

INSPEC 数据库由英国电气工程师协会提供综合文献索引，其主要学科领域包括物理学、电子与电气工程、计算机与控制工程以及信息科技等。该数据库的数据最早为 1898 年，其涵盖期刊、书籍、报告以及会议录等文献类型。

④MEDLINE 数据库

MEDLINE 数据库是由美国国立医学图书馆推出的国际性综合生物医学文献数据库。MEDLINE 收录了 1966 年以来世界 70 多个国家和地区出版的生物医学期刊的文献。

⑤多学科期刊评价工具

多学科期刊评价工具（Journal Citation Reports，以下简称 JCR），从文献计量学的角度对期刊资源进行评价和分析。JCR 可以按照定义明确的字段对期刊数据进行排序，其字段包括：影响因子、立即指数、总引用次数、文章总数、被引半衰期或期刊名称。JCR 的统计数据可以客观测定某个主题类目中大量期刊的相对重要性。JCR 有自然科学版（JCR-SCI 版）和社会科学版（JCR-SSCI 版）两个版本。

（2）主页介绍

Web of Science 平台中包含多个数据库。平台首页（http://www.webofscience.com）提供了跨库检索，用户也可以选择进入单个数据库进行检索。平台中"所有数据库"选项下拉后会出现通过购买可以使用的数据库，点击相应数据库进入该数据库进行检索。平台首页默认为基本检索，还可选择被引参考文献检索和高级检索。首页上方提供 In Cites、JCR 等学术评价管理工具的网络版入口，右上角可进行登录和页面语言的选择。在注册并登录后，用户可以使用"我的工具"来查询已经保存的检索式和跟踪的主题。通过页面下方的"其他资源"，用户可以访问 Web of Science 平台下所有数据库的主期刊列表。

2.Web of Science 核心合集检索方法

平台中的 Web of Science 核心合集数据库包含了"三大检索工具"中的 SCI 和 CPCI-S，同时还有社会科学领域中很重要的 SSCI、CPCI-SSH 和 A&HCI。因此，下文着重以 Web of Science 核心合集为例介绍数据库的检索方法。

Web of Science 核心合集检索页面默认为基本检索。其检索条框可任意增减，还提供作者检索、被引参考文献检索、化学结构检索和高级检索等。在限制栏位置，可进行时间跨度设置，更多设置中包含"引文索引"和"化学索引"，在各个数据库前方的方框内打钩就可以选择需要检索的数据库。

（1）检索方法

①基本检索

基本检索条框中可以直接输入检索词或检索式，提供的检索字段有主题、标题、作者、作者识别号、编者、团体作者、出版物名称、数字对象唯一标识符（Digital Object Unique Identifier，简称 DOI）、出版年、地址、机构扩展、会议、语种、文献类型、基金资助机构、授权号、入藏号、文献编号（Pubmed ID）共 18 个。基本检索可以检索关于一个或若干个主题词的相关文献、具体论文、某个作者或某个机构发表的论文，也可以检索某个期刊所刊载的论文。用户根据不同需求选择检索字段，输入检索词或检索式，再选择布尔逻辑算符即可。

②被引参考文献检索

被引参考文献检索可以对某一篇论文、某一著作或某一作者进行检索，从而找到该作者已发表的论著和科研观点的被引用情况，进而了解这些科研观点的应用、改进、扩展和创新情况。被引参考文献检索提供的是布尔逻辑关系都为"AND"的三个固定检索条框，条框数可以增减，用户可以选择被引作者、被引著作、被引年份、被引卷、被引期、被引页、被引标题字段进行检索。被引著作字段可以输入被引书籍名或被引文献发表的期刊名，用户可以使用截词符表示著作名的缩写。被引年份字段输入被引文献的出版年份，直接输入 4 位数年份即可。

③高级检索

高级检索界面只提供一个检索条框，用户可输入检索式进行检索，平台给出了字段标识与检索字段的对应关系列表。高级检索一般适用于检索包含多个检索词、逻辑关系比较复杂的研究课题，对检索人员的检索技术要求较高。

（2）检索结果的处理

①精练与排序

检索结果页面左侧提供根据 Web of Science 类别、文献类型、研究方向、作者、团体作者、编者、来源出版物名称、丛书名称、会议名称、出版年、机构扩展、基金资助机构、语种、国家/地区、开放获取等内容来对检索结果进行精练，也可以在二次检索条框内输入检索词来精练检索结果。页面上方可以对检索结果进行排序，下拉菜单包括出版日期、最近添加、被引频次、相关性、第一作者、来源出版物名称、会议标题共七种排序方式。

②浏览与保存

检索结果浏览包括题录格式和全记录格式。每篇文章题录信息后方有被引次数，部分文章还提供了"出版商处的全文"超链接，方便用户获取全文信息（如果用户所在机构订购了相关全文资源，则可下载全文内容）。点击文章标题进入全记录格式，其页面包含文章的全部详细信息，还提供参考文献和施引文献链接，以及与该文章研究内容相似的"相关记录"推荐链接。用户浏览检索结果题录格式时可以勾选感兴趣的文献进行标记，再选择页面上的"保存至……"或"添加到标记结果列表"进行检索结果的输出或保存，包括打印、发送电子邮件、输出到 EndNote Web（参考文献管理软件）和保存到文件夹四种方式。

③分析与创建引文报告

在检索结果页面的右上角有"分析检索结果"和"创建引文报告"两个按键。分析检索结果功能可以将当前的多个检索结果从多个角度进行数量分析，包括作者、丛书名称、会议名称、国家/地区、文献类型、编者、基金资助机构、授权号、团体作者、语种、机构、机构扩展、出版年、研究方向、来源出版物名称、Web of Science 类别。通过数值、百分比、Excel 表格的形式帮助用户精确分析某个研究主题的各方面发展情况；创建引文报告功能可以生成引文分析报告，查看当前检索结果对应研究主题的发文年代分布和所有检索结果的引用情况。

（二）工程索引

《工程索引》（The Engineering Index，以下简称 EI）是工程技术领域历史最悠久、内容最全面的二次文献数据库，也是科技界共同认可的重要检索工具。20 世纪 80 年代后开始发行光盘版电子数据库，20 世纪 90 年代推出了网络版电子数据库。本部分主要介绍 EV2 平台中 EI Compendex 数据库的检索方法。

1.EI 概述

（1）资源介绍

EI 数据库是《工程索引》的网络版。EI 数据库收录了多种工程类期刊、会议论文集和技术报告，内容涵盖 190 余种工程和应用科学领域的数据，其中包括核技术、生物工程、化学工程、交通运输、计算机和数据处理、电子通信、土木工程、控制工程、材料工程、机械工程、电气工程等领域。EI 数据库收录文献内容侧重工程技术领域和部分应用科学，纯粹的理论研究不予收录。优先收录原文为英文的期刊，从 1992 年开始收录中国期刊。

（2）主页介绍

EI 数据库采用的是 Engineering Village2（简称 EV2）检索平台。平台集合了多种优质数据库。EV2 平台默认标签页为检索区（Search），检索区下方记录检索历史。检索区右侧的浏览索引（Browse Indexes）可以利用索引来浏览或查询作者（Author）、作者单位（Author Affiliation）、受控词（Controlled Term）、来源刊名（Source Title）和出版社（Publisher）。

2.EI 数据库检索方法与检索结果处理

（1）检索方法

EV2 平台提供快速检索（Quick Search）、专家检索（Expert Search）、词表检索（Thesaurus Search）等 3 种检索方式。勾选"Compendex"即可对 EI 网络版数据库进行检索。下文以"快速检索"为例介绍 EI 数据库的检索方法。

快速检索默认有 3 组输入条框，在条框中输入检索词或检索式，选择特定检索字段，再选择 AND、OR、NOT 逻辑算符进行组配即进行检索。当在条框中输入三个英文单词后，系统自动提供索引词典内的相关控制词汇，让用户能更快速且准确地选择检索词。EI 快速检索提供的检索字段包括：所有字段（All Fields）、主题词/标题/摘要（Subject/Title/Abstract）、摘要（Abstract）、作者（Author）、作者机构（Author Affiliation）、标题（Title）、EI 分类代码（EI Classification Code）、期刊代码（CODEN）、会议信息（Conference Information）、会议代码（Conference Code）、国际标准连续出版物编号（ISSN）、EI 主标题词（EI Main Heading）、出版者（Publisher）、来源出版物名称（Source Title）、EI 受控词（EI Controlled Term）、原产地（Country of Origin）。检索框下方是检索条件的进一步限制选项，可以从文献类型、文章处理类型、文献语言、年代和更新时间角度进行限制，还可以选择"排序方式"和"自动选择词根功能是否开启"等选项。

Tips 自动词根检索（Stemming）功能在快速检索中是默认开启的。它能将所有和输入的关键词相关的词汇一起检索（相关的词汇是指含有与关键词相同的后缀、字根、名词/动词/形容词等形式变化的词），其提供了更大范围的相关检索结果，Stemming 不执行带有双引号或大括号的检索词，选中"Autostemming off"则关闭此功能。

（2）检索结果处理

检索结果以题录列表形式显示，提供对本次检索进行保存（Save Search）、编辑（Edit）、重新检索（New Search）和设置检索邮件提醒（Create Alert）等功能。检索结果可排序，对于每个检索结果可预览摘要（Show Preview）、查看摘要格式（Abstract）页面或详细记录格式（Detailed）页面，还可同时勾选多篇文献（Select records），进行发送 E-mail、打印、下载书目信息、保存到文件夹等操作，页面左侧可进行检索结果精炼。EI 数据库是一种二次文献数据库，只提供摘要信息，不提供全文。从 2012 年开始 EI 为用户提供无缝全文链接，可跳转到文章对应的出版商提供的详细信息页面，用户可根据订购情况可直接获取全文内容。

文章的详细格式页面包含与文章相关的全部信息以及 EI 收录号（Accession Number）、受控词（Controlled Terms）、非受控词（Uncontrolled Terms）等信息。其中 EI 数据库收录号是工程索引中论文的"索取号"，是一篇论文在 EI 数据库中的唯一号码，也是认证论文是否被 EI 数据库收录的重要参考信息。在快速检索界面，直接输入收录号，检索项默认"All Fields"，便可直接检索到该篇论文。

Tips Web of Science 核心合集中的 SCI、CPCI 和 EI 是科研领域中著名的外文"三大检索工具""三大索引"，是国际公认的进行科学统计与评价的重要工具。它们包含的文献均来自各个学科领域中最核心的期刊、最权威的国际会议和最权威的专著，索引中还提供来源文献的引文信息，体现了论文间的引证关系。从 1987 年起我国科技部下属的"中国科学技术信息研究所"每年以这三大检索工具为数据源进行学术排行。近年来，在我国对个人或单位科研水平、学术成就的评价指标中，个人或团体单位所发表的论文在三大检索系统中的收录量被作为一项重要的评价指标。

（三）OCLC First Search

1.OCLC First Search 概述

OCLC，Online Computer Library Center，即联机计算机图书馆中心，是世界上提供文献信息服务的机构之一，其以实现资源共享并减少使用信息的费用为主要目的。OCLC 成立于 1967 年，总部设在美国的俄亥俄州。

OCLC First Search Service 被称为"信息第一站"，它是在互联网上可以使用的大型联机检索系统，是大型综合的、多学科的数据库平台，共有数十个子数据库。这些数据库资源汇集了图书馆、研究机构和世界上各大知名信息提供商的产品，其资源类型丰富、更新及时，其中一些资源可以通过题录信息链接到免费或有浏览权限的全文，同时 First Search 还提供馆际互借服务。

First Search 是一个通过 IP 控制访问的联机检索系统，用户可通过一个界面对多个数据库进行检索。First Search 主页面提供了多种语言选择，在检索前可进行选库操作，并查看各个数据库的介绍。选择"所有的数据库"可以浏览全部数据库的详细情况并勾选。选择"列出按主题分类的数据库"，可以按照学科主题分类浏览对应数据库。操作熟练的用户可以选择从首页直接跳转到高级检索界面。

2.OCLC First Search 检索方法

First Search 系统提供了基本检索、高级检索和专家检索三种检索方式。在检索前首先要选择数据库，最多不超过 3 个。根据所选择的数据库不同，界面提供的检索字段也不相同。检索结果页面为题录格式列表，并显示当前选择的数据库、检索条件和命中数。数据库还同时列出未选择数据库的检索结果链接。检索结果可以进行排序、查看相关著者，还可以标记需要的文献电子书目、打印或输出。点击文献标题或"查看此项目的详情"可查看该文献的详细信息，通过"世界各地拥有馆藏的图书馆"链接，可以查看该文献的全球图书馆收藏情况。

（四）史蒂芬斯数据库

史蒂芬斯数据库（以下称 EBSCO host）是由美国 EBSCO 公司设计的数据库检索系统，也是著名的全文数据库整合平台。该平台包含 170 多个数据库，学科覆盖范围全面，检索结果包括目录、文摘和全文。

1.EBSCO host 资源介绍

EBSCO host 包含的数据库覆盖多种学科，有环境资源研究（GreenFILE）、教育学（ERIC）、报刊全文库（Newspaper Source）、英美文学（LRC）等，平台核心学术内容是学术期刊数据库（Academic Source Premier，简称 ASP）和商业资源电子文献数据库（Business Source Premier，简称 BSP）。

ASP 是学术研究参考类的全文数据库，收录有关社会科学、人文、教育、计算机科学、工程、物理、化学、生物科学、医药学等领域文献的索引和摘要。

BSP 涵盖商业和管理相关领域的议题，如金融、银行、国际贸易、市场行销、产业报道、经济评论、信息管理、工业工程管理、保险、法律、税收、电信通信等。

2.EBSCO host 检索方法

EBSCO host 平台（http://search.ebscohost.com）提供基本检索和高级检索，选择 EBSCO 学术全文期刊"ASP+BSP"，默认进入高级检索界面。高级检索条框允许输入多组检索词或检索式，提供所有文本、作者、标题、主题语、来源、摘要、ISSN 共 7 个检索字段。"检索选项"区域可以限定检索模式和检索结果类型。

检索页面上方的"科目"检索可以选择学科范围进行主题词辅助检索，查找规范化的检索语言。"出版物"检索可以查找数据库中的特定出版物。"图像"检索中，"Image Collection"是图片数据库，可供下载使用的图片有 18 万余张，其收录期刊文章中的插图；"ISCTRC Image Collection"是国际安全及反恐怖主义资源中心（ISCTRC）图片数据库；"Literary Image Collection"是文学图片数据库。在"更多"选项中，包含公司概况、名称、作者简介、词典、百科全书的浏览和查询。

检索结果以列表形式显示，用户可精炼检索结果和排序，可对文章进行保存、导出、打印和下载全文，还可以引用、添加注释、永久链接或进行共享。

二、外文学术出版社和学（协）会数据库资源

下文主要介绍重要的国外知名学术出版社和学（协）会创办的数据库。它们包含多种文献类型，资源涵盖量不同，在质量和学术性方面都具有领先地位。其中爱思唯尔数据库和施普林格数据库资源量较多，包含多个学科领域；而 IEEE Xplore（一种学术文献资源库）、克拉克森海运情报网（Clarkson SIN）侧重某单一学科或行业，内容

相对较少，但学术性很强。

（一）爱思唯尔数据库

爱思唯尔（Elsevier）是世界著名的学术文献出版社之一，总部位于荷兰阿姆斯特丹，其前身可追溯至 16 世纪。爱思唯尔出版了很多世界著名的期刊和教科书。Science Direct（简称 SD）是 Elsevier 旗下核心学术数据库产品，自 1999 年开始提供电子出版物的全文在线下载服务。

1.Science Direct 数据库概述

Science Direct 是全世界最大的科学、技术与医学全文电子资源数据库，收录接近 3000 种期刊，超过 26000 本图书，超过 1.26 亿篇论文（数据动态更新）。其包含文献来自核心科学文献中的权威书籍，以及具有影响力的期刊。文献类型包括期刊、手册、丛书和参考工具书，提供索引、摘要和全文信息。Science Direct 数据库的资源分为四大研究领域：自然科学与工程、生命科学、健康科学、社会科学与人文科学。

Science Direct 数据库根据用户购买权限可以查看和下载对应的全文内容，浏览题录、摘要信息以及部分免费的 Open Access（开放获取）资源。Science Direct 数据库首页（http://www.Science Direct.com）最上方提供了快速检索功能和高级检索链接。中间部分是按照学科分类和字母顺序浏览出版物。"Science Direct TOP25"提供了不同学科领域中下载次数最多的前 25 篇论文，"Latest Articles"是数据库收录的最新发表的论文。

2.Science Direct 检索方法

（1）检索方法

①浏览

在 Science Direct 数据库首页可以浏览所有资源，浏览方式有三种：按照文献类型浏览，分为 Journal（期刊）/Book（图书）；按学科分类浏览（Browse Publication by Subject）；按出版物题名字顺浏览（Browse Publication by Title）。用户通过浏览列表选择要查阅的某一出版物，进入该出版物的页面了解它的详细信息，以及出版物中的文章信息。期刊详细页面可进行在线投稿、查看所有出版卷（期）的内容；图书页面可以分章节浏览和下载全文内容。

②快速检索

在 Science Direct 数据库首页最上方即可进行快速检索，它提供了六个并列条框，分别可通过全部字段、作者、出版物名称、卷、期、页码这六个字段进行检索。在对应条框内容输入检索词即可进行检索。快速检索输入区始终出现在数据库页面的上方，在任何界面都可随时使用，方便快捷但精确性略差。

③高级检索

点击首页"Advanced Search"按钮进入高级检索界面，用户可以通过标签项选择在期刊、图书、参考工具书和图像/视频中进行检索。高级检索界面提供两个条框可输入检索词或检索式，可检索字段有全部字段、摘要/标题/关键词、作者、特定作者、来源出版物标题、标题、关键词、摘要、参考文献、ISSN、ISBN，机构、全文等。其他检索限定包括来源出版物类型、学科范围和时间范围。在高级检索界面右上角点击"Expert Search"进入专家检索界面，用户可以通过输入检索表达式来满足更复杂的检索需求。

（2）检索结果

用户利用快速检索界面进行检索得到检索结果列表页面，页面左侧为精炼检索结果区域。检索结果可以按照相关度和时间进行排序，还可筛选开放获取文章。针对每一个检索结果，用户可以在题录格式下快速预览文章摘要（Abstract）和研究重点（Research Highlights），并了解它的获取权限。绿色横格图标表示可以获取全文内容，可以点击单篇或多篇下载。点击文章标题进入详细信息页面和超文本标记语言（HTML）格式的全文内容，页面左侧是文章提纲（Article Outline），包括研究重点、摘要、关键词、段落标题、参考文献和文中图表，帮助用户无须通篇阅读便可掌握文章重点内容；页面右侧是数据库推荐的内容相似的论文和图书内容，以及该论文的引文情况。

用户利用快速检索界面执行检索后，Science Direct 数据库还会同时显示相应的图像检索结果。点击检索结果数量右侧的"See Image Results"链接，则显示命中的图像资源检索结果。把鼠标放在某一图像上，图像会放大，方便查看。每个图像下方有该图介绍和所在文章的获取途径。

（二）施普林格数据库

德国施普林格（Springer-Verlag）出版社于 1842 年在柏林成立，它是全球著名的科学、技术和医学类图书出版商和顶尖的学术期刊出版商，也是最早将纸本期刊做成电子版发行的出版商。

1.施普林格数据库概述

施普林格（以下称 Springer Link）数据库系统提供学术期刊及电子图书在线服务，该数据库包括了各类期刊、丛书、图书、参考工具书、实验室指南以及回溯文档。这些期刊和图书分为 13 个学科：建筑和设计、行为科学、生物医学和生命科学、商业和经济、化学和材料科学、计算机科学、地球和环境科学、工程学、人文社科和法律、数学和统计学、医学、物理和天文学、计算机职业技术与专业计算机应用。

Springer Link 数据库首页（http://link.springer.com），页面非常简洁，检索区在页面最上方，包括快速检索条框和高级检索链接（齿轮图标）。页面左侧是按学科浏览资源；右侧是按照出版物类型浏览，分为期刊、图书、丛书、实验室指南和参考工具书。首页还包括机构最新阅读情况和最受欢迎的期刊和图书介绍。

2.Springer Link 检索方法

Springer Link 数据库的检索方法包括浏览、快速检索和高级检索。其中高级检索是限制性的表单形式，共有 6 个条框，每个条框对可输入的内容和检索范围都做了明确的限定。高级检索可以对检索词、题名、作者、时间范围和用户权限进行限定。

检索结果浏览页面左侧是检索结果聚类功能，可以查看有全文权限的内容，还可以通过内容类型（图书章节、期刊文章、工具书条目、丛书、期刊、指南、参考工具书）、学科、子学科、作者和语种这五个方面进行聚类。检索结果可以进行简易信息聚合（RSS 订阅）和逗号分隔型取值（CSV）格式输出。

点击文章题名进入文献详细信息页面，根据来源文献类型不同，显示的信息量也略有不同。期刊的详细信息页面包括期刊标题、描述、ISSN 号和出版信息等，可对期刊内容进行检索，也可浏览各卷期内容和最新文章。图书的详细页面提供该书所有章节列表，还可检索图书中内容，根据权限可下载 PDF 格式的章节或整本书内容。

（三）IEL 数据库在线平台

IEL 数据库在线平台（IEEE/IET Electronic Library，简称 IEL）由全球最大的技术行业协会电气和电子工程师协会 IEEE（Institute of Electrical and Electronics Engineers）出版。IEEE 是目前全球最大的非营利性专业技术学会，成立于 1884 年。IEEE 致力于电气、电子、计算机工程等领域的开发和研究。我国已有北京、上海、西安、郑州、济南等地的高校成立 IEEE 学生分会。

1.IEL 数据库概述

IEL 数据库包括电气与电子工程师协会（IEEE）和英国工程技术学会（IET）出版的期刊、会议录和标准等全文信息。IEEE Xplore 平台首页（http://ieeexplore.ieee.org），包括浏览、个人设置、基本建设、新闻动态等内容。点击浏览（Browse）标签后，可将平台资源分成图书（Books）、会议录（Conference）、讲座（Courses）、期刊与杂志（Joumals&Magazines）和 IEEE 标准（Standards）五大类进行浏览。首页可以进行基本检索，同时提供其他检索方式的链接。首页下半部分列出按五种文献类型推荐的最新出版和最受欢迎资源，以及最热门的检索主题词

2. IEL 数据库检索方法

IEL 数据库提供的检索方法有：浏览、基本检索、作者检索、出版物检索、高级检索和命令检索。检索得到的结果都是相同的题录格式列表页面，可进行聚类分析和排序，也可查看文章摘要和下载 PDF 格式全文。文章详细信息页面可查看参考文献和被

引情况，并能生成引文关系图（Citation Map）。

（四）Clarksons SIN 数据库

Clarksons 是全球最大的船舶经纪和综合航运服务提供商，Shipping Intelligence Network（SIN）是该公司开发的以航运市场行情为主要内容的资讯平台。

1.Clarksons SIN 数据库概述

Clarksons SIN 数据库包含的主要内容有：市场报告，涵盖油船市场、干散货运输市场、新造船市场、集装箱运输市场等主要航运市场；船主资料和船舶制造资料；Clarksons 常规出版物资料，包括主要市场部门的周报告、月报告和半年期报告，以及航运地图；各种吨位船舶资料，船舶类型涉及油船、成品油船、兼用船、散货船、化学品船、集装箱船等。

Clarksons SIN 数据库平台首页，页面左侧是平台包含的主要内容列表，通过逐个、逐层点击就可以浏览到相关内容。其中的出版物（Publications）和地图（Maps）部分用户需要登录才能浏览和下载全文内容。页面的主体部分是最新的航运市场信息汇总推荐。

2.Clarksons SIN 检索方法

Clarksons SIN 平台中的信息多为报告、数据和表格等，因此检索方式主要是浏览。例如，点击"Publications"部分会显示所有出版物列表，不同期刊按照最新一期内容和往期内容进行排列，点击某一期刊链接系统会直接弹出 PDF 格式整本下载对话框。点击"Tables"部分显示按字顺排列的所有数据表格信息，也可以选择分类浏览；点击表格名称即弹出 Excel 表格下载对话框。点击"Owners"部分显示全球船东信息，并可按船队、船东、上市船主顺序分别浏览；选择感兴趣的船主点击可以得到船队的所有信息，并可以将这些数据导入 Excel 表格中。平台中的"Markets"部分包含了全球航运市场的最新情况报道，有文章、评论、数据等内容，可在网页中直接浏览。

（五）劳氏法律报告数据库

1.劳氏法律报告数据库概述

劳氏法律报告（以下称 Lloyds lawreports）创始于 1919 年，主要收集自 1919 年以来英国各级法院审理的海事和商事案例，它是为海事法律工作者提供的具有权威性的专业文献资料之一。劳氏法律报告的内容涉及海上运输、公路、航空、金融等领域的有关保险、债务、仲裁等方面的法律案例。

2.劳氏法律报告数据库检索方法

目前，用户通过 http://i-law.com 网站中的"Maritime&Commercial"可访问的劳氏

法律报告的相关内容包括：劳氏法律报告（Lloyd's Law Reports）、劳氏海事与商业法季刊（Lloyd's Maritime and Commercial Law Quarterly）、劳氏海运法律通讯（Lloyd's Maritime Law Newslette）、国际海事险（Maritime Risk International）、航运及贸易法（Shipping&Trade Law）、海事公约的批准（Ratification of Maritime Conventions）等内容。

（六）Emerald 数据库

Emerald 出版社成立于 1967 年，它是由来自世界著名商学院之一的 Brad Ford University（布拉德福德商学院）的学者创建，总部位于英国。Emerald 是著名的管理学期刊出版社之一，其涉及的学科主要有：管理学、图书馆学、工程学以及其他人文社会科学。

1.Emerald 数据库概述

Emerald 数据库出版的文献包括期刊、图书、文摘和案例。期刊主要涉及管理学和工程学。Emerald 数据库还拥有新兴市场案例集，所有的案例文章均通过同行专家评审。特色辅助资源包括作者园地、图书馆员专栏、工程师专栏、学者园地、学习园地、教学园地和多媒体园地。这些资源针对不同研究人员和读者需求提供实用性内容和服务。Emerald 数据库平台首页最上方为文献类型标签选项和辅助资源链接。页面中间是将期刊和图书资源，用户可按照 16 个学科分类进行浏览，还包括本周热点文章推荐。

2.Emerald 数据库检索方法

Emerald 数据库提供浏览、快速检索和高级检索三种方式。

快速检索可在所有字段中进行检索，也可以在期刊文章、图书和案例中进行检索。高级检索字段包括作者、摘要、出版物题名、卷/期、关键词、ISSN/ISBN、页码等。其检索范围可以通过阅读权限、文献类型、出版时间等进行限制。

检索结果页面包括期刊论文或图书章节以及案例命中结果，可以排序和精炼检索结果。每个检索结果都标注了获取权限，也可查看摘要信息页面、HTML 格式全文，并下载 PDF 格式全文，查看参考文献。期刊文章的摘要信息页面包括文章所在期刊信息，并可进行刊内检索，可查看引文情况链接和摘要内容。Emerald 数据库中近几年出版的期刊文章和案例都拥有结构性摘要，包含目的、方法论、结果、原创性、研究局限性、实用价值六个部分。

第五章 特种文献检索

第一节 专利文献及其检索

一、专利基础知识

（一）专利的基本概念

专利（Patent）一词来源于拉丁语 Litterae patentes，意为公开的信件或公共文献，原指中世纪的君主用来颁布某种特权的证明。专利的概念，目前学界尚无统一的定义，其中较为人们接受并被我国专利教科书所普遍采用的一种说法是：专利是专利权的简称。专利是由专利机构依据发明申请所颁发的一种文件。这种文件叙述发明的内容，并且产生一种法律状态，即该获得专利的发明在一般情况下只有得到专利所有人的许可才能利用（包括制造、使用、销售、许诺销售和进口等）。

专利的核心部分是专利权。专利权是一种无形财产权，其具有专有性、时间性和地域性三个方面的特点。

1.专有性

专有性也称独占性或排他性，专利权人对其拥有的专利享有独占或排他的权利，未经其许可或者出现法律规定的特殊情况，任何人不得制造、使用、销售、许诺销售和进口其专利产品，否则即构成侵权。专有性是专利权最重要的法律特点。

2.时间性

时间性指专利权人对其发明创造所拥有的专有权只在法律规定的时间内有效。期限届满后，专利权人对其发明创造就不再享有制造、使用、销售、许诺销售和进口的专有权。这样，原本受法律保护的发明创造就成为社会的公共财富，任何单位或个人都可以无偿使用。专利权的期限是由各国专利法规定的。

《中华人民共和国专利法》（以下简称《专利法》）规定，发明专利的保护期限为自申请日起计算的 20 年，实用新型专利保护期限为自申请日起计算的 10 年，外观设计专利的保护期限为自申请日起计算的 15 年。

3.地域性

地域性是指一个专利依照本国专利法授予的专利权，仅在该国法律管辖的范围内有效，对其他国家没有任何法律约束力，其他国家对其专利权不承担保护的义务。每个国家所授予的专利权，其效力是互相独立的。

明确专利权的地域性特点是很有意义的，如我国的单位或个人研制出具有国际市场前景的发明创造时，不仅要及时申请国内专利，而且还应在拥有良好市场前景的其他国家和地区申请专利，否则该发明创造在国外的市场就得不到法律保护。

（二）授予专利权的条件

一项发明创造被授予专利权的条件是该发明创造具备新颖性、创造性和实用性。

1.新颖性

新颖性，是指该发明或者实用新型不属于现有技术；也没有任何单位或者个人就同样的发明或者实用新型在申请日以前向国务院专利行政部门提出过申请，并记载在申请日以后公布的专利申请文件或者公告的专利文件中。新颖性主要侧重判断某一发明创造是否是前所未有的，而创造性侧重判断某一发明创造的技术水平的层次，要求其技术与现有技术相比在总体技术上达到一定的高度和水平，即其技术是否有突出的实质性特点和显著的进步。

判断发明或实用新型是否具有新颖性完全依赖现有技术这一客观标准。现有技术是指在某一时间以前，在特定的地域和情报范围内已公开的技术知识的总和。如果一项发明或实用新型不是现有技术的组成部分，则其是新颖的。

2.创造性

创造性，是指与现有技术相比，该发明具有突出的实质性特点和显著的进步。该实用新型具有实质性特点和进步。

3.实用性

实用性，是指该发明或者实用新型能够制造或者使用，并且能够产生积极效果。实用性要求发明或实用新型必须具有在工业上多次再现的可能性，否则就不可能在工业上得到广泛的应用。

《专利法》规定的不授予专利权的内容或技术领域：①科学发现；②智力活动的规则和方法；③疾病的诊断和治疗方法；④动物和植物品种（该项产品的生产方法，可以依照本法规定授予专利权）；⑤原子核变换方法以及用原子核变换方法获得的物质；⑥对平面印刷品的图案、色彩或者二者的结合作出的主要起标识作用的设计。

（三）国际专利分类法

随着专利制度的国际化，逐步产生了国际上通用的专利分类法。目前，许多国家普遍采用的专利分类表是《国际专利分类表》（International Patent Classification，简称IPC）。虽然英国、美国等少数国家仍在采用自己的专利分类表，但在其专利文献及相应检索工具的著录中都同时注有国际专利分类号。

《国际专利分类表》是根据 1971 年签订的《国际专利分类斯特拉斯堡协定》编制的，每五年修订一次，以适应新技术发展的需要，目前已在 50 多个国家和专利组织普及。在使用《国际专利分类表》时，用户要用与所查专利年代相应的分类表的版本。如检索 1993 年的专利文献时要使用第五版分类表。《国际专利分类表》被简写成"Int.Cl"，并且将其加在所有根据《国际专利分类表》分类的专利文献的分类号前面。IPC 采用功能（发明的基本作用）和应用（发明的用途）相结合，以功能为主的分类原则。IPC 具体的分类内容可从中华人民共和国国家知识产权局（以下简称"国家知识产权局"）网页（http://www.cnipa.gov.cn）上查询。

IPC 采用等级形式，将技术内容按部（Section）、大类（Class）、小类（Subclass）、主组（Main Group）、分组（Subgroup）逐级分类，形成完整的分类体系。

1.部

IPC 将全部科学技术领域分成八个部，用英文大写字母 A～H 表示。

A 部：人类生活需要（农、轻、医）。

B 部：作业、运输。

C 部：化学、冶金。

D 部：纺织、造纸。

E 部：固定建筑物（建筑、采矿）。

F 部：机械工程。

G 部：物理。

H 部：电学。

2.大类

每一个部按不同的技术领域可以分成若干个大类，每一个大类的类号由部的代码及在其后加上两位阿拉伯数字组成，如 B02、D03 等。

3.小类

每一个大类包括一个或多个小类，每一个小类类号由大类代码加上一个英文大写字母组成（但不能加 A、E、I、O、U、X 这六个字母），如 E01B 铁路轨道；铁路轨道附件；铺设各种铁路的机器。

4.主组

每一个小类分成许多主组。主组代码由小类代码加上一位阿拉伯数字，后面再加"/00"来表示，如 F01N3/00。

5.分组

分组代码将主组代码斜线后面部分改为一个除"00"以外的至少有两位阿拉伯数字。分组是主组的展开类目，但分组代码斜线后面的数字在分类表中不表示任何进一步细分类的等级关系。

国际专利分类号由五级号组成，五级以下的各级分组，代码按顺序编制，其类目的级别用类名前的圆点表示。例如，一个完整的 IPC 分类号可为 F04D29/30。国家知识产权局官网提供的《国际专利分类表》最新版的免费查询和下载（其路径为：服务—文献服务—知识园地—标准与分类—IPC）服务。

（四）专利的几个相关概念

1.职务发明创造

《专利法》规定，执行本单位的任务或者主要是利用本单位的物质技术条件所完成的发明创造为职务发明创造。职务发明创造申请专利的权利属于该单位，申请被批准后，该单位为专利权人。

执行本单位的任务所完成的职务发明创造是指：在本职工作中做出的发明创造，履行本单位交付的本职工作之外的任务所做出的发明创造，退职、退休或者调动工作后1年内做出的、与其在原单位承担的本职工作或者原单位分配的任务有关的发明创造。

利用本单位的物质技术条件所完成的发明创造，若单位与发明人或者设计人订有合同，对申请专利的权利和专利权的归属做出约定的，从其约定。

2.同族专利

由于专利保护的地域性，从而形成了一组由不同国家出版的内容相同或基本相同的专利文献。人们把具有共同优先权的在不同国家或国际专利组织多次申请、多次公布或批准的内容相同或基本相同的一组专利文献，称为专利族（Patent Family）。同一专利族中的每件专利文献被称作专利族成员（Patent Family Members），同一专利族中的每件专利互为同族专利。同族专利之间靠"优先权"这一媒介联系。

查找同族专利可通过欧洲专利局网站的专利号检索，可以免费查找同族专利。通过专利号检索后，在该专利详细信息页面，点击"View INPADOC patent family"标签，就会列出该专利的全部同族专利。

3.优先权

根据《保护工业产权巴黎公约》的规定，所谓优先权，是巴黎联盟（巴黎联盟是根据 1883 年各国在巴黎缔结的《保护工业产权巴黎公约》建立的联盟）各成员国给予本联盟内所有国家的专利申请人的一种优惠权，即联盟内某国的专利申请人已在某成员国第一次就一项发明创造正式申请了专利，当申请人再次就该发明创造在规定的时间内向本联盟内其他国家申请专利时，申请人有权享有第一次申请时的申请日期。发明创造和实用新型的优先权期限为 12 个月，外观设计的优先权期限为 6 个月。

二、专利文献检索方法

（一）中国专利文献检索

1.中国专利文献概述

中国专利文献主要是指各种专利申请文件、专利说明书、专利公报、专利分类表、专利索引和专利文摘等。专利说明书主要有发明专利申请公开说明书、发明专利说明书、实用新型专利说明书、外观设计专利说明书等。

2.中国专利的类型

从被保护的发明创造的实质内容来看，中国专利的种类包括发明专利、实用新型专利和外观设计专利三种。

发明专利是指对产品、方法或其改进所提出的新技术方案，是较高水平的新技术发明。发明专利权期限为 20 年，自申请日起计算。

实用新型专利是指对产品的形状、构造或结合提出的实用新技术方案，也称为小发明。实用新型专利权期限为 10 年，自申请日起计算。

外观设计专利是指对产品的形状、图案、色彩或结合做出的富于美感并适于工业应用的新设计方案。外观设计专利权期限为 15 年，自申请日起计算。

3.中国专利文献编号体系

专利文献编号是国家知识产权局为每件专利申请案或资料编制的各种序号的总称。要检索中国专利资料，就需要了解中国专利文献的编号体系。中国专利文献编号体系包括以下六种：

申请号：在提交专利申请时给予的编号；

专利号：在授予专利权时给予该专利的编号；

公开号：对发明专利申请公开说明书的编号；

审定号：对发明专利申请审定说明书的编号；

公告号：对实用新型专利申请说明书、公告的外观设计专利申请说明书的编号；

授权公告号：对发明专利说明书、实用新型专利说明书或公告的外观设计专利的编号。

为了满足专利申请量急剧增长的需要和适应专利申请号升位的变化，国家知识产权局制定了新的专利文献号标准。其主要内容如下：

三种专利的申请号由 12 位数字和 1 个圆点（.）以及 1 个校验位组成。其前四位数字表示申请年份；第五位数字表示要求保护的专利申请类型（1 代表发明，2 代表实用新型，3 代表外观设计，8 代表指定中国的发明专利的 PCT 国际申请，9 代表指定中国的实用新型专利的 PCT 国际申请）；第六位至第十二位数字（共 7 位数字）表示当年申请的流水号；用一个圆点（.）分隔专利申请号和校验位，最后一位是校验位。每一自然年度的专利申请号中的申请流水号重新编排，即从每年 1 月 1 日起，新发放的专利申请号中的申请流水号不延续上一年度所使用的申请流水号，而是从 0000001 重新开始编排。

4.中国专利检索网站

国家知识产权局数据库收录了 1985 年《专利法》实施以来公开的全部中国发明专利、实用新型和外观设计专利的题录信息、摘要及说明书全文，并提供检索服务，同时支持用户免费下载 100 页以内的专利说明书。它目前是国内最权威的专利检索系统。

中国专利公布公告网（http://epub.cnipa.gov.cn）提供了申请号、申请日、公布（公告）号、公布（公告）日、发明名称、IPC 分类号、申请（专利权）人、发明人、优先权号、优先权日、摘要、权利要求、说明书、关键词等检索入口，并支持专利说明书全文下载。

（二）美国专利文献检索

美国专利商标局是美国政府参与的一个非商业性联邦机构，已有 200 多年历史，其主要提供办理专利和商标，传递专利和商标信息等服务。

美国专利商标局网站提供 Quick Search（快速检索）、Advanced Search（高级检索）和 Patent Number Search（专利号检索）三种检索方式，用户根据课题来选择检索方式。

第二节 标准文献及其检索

一、标准文献基础知识

（一）标准文献的定义及发展过程

标准一般以科学、技术和经验的综合成果为基础，以促进最佳社会效益为目的而制定的。它不仅是从事生产、建设工作的共同依据，而且也是国际贸易合作、商品质量检验的依据。

标准文献的定义有狭义和广义之分：从狭义上讲，标准文献是指按规定程序制定，经公认权威机构或主管机关批准的一整套在特定范围内必须执行的规格、规则、技术要求等规范性文献；从广义上讲，标准文献是指与标准化工作有关的一切文献，包括标准形成过程中的各种档案、宣传推广标准的手册及其他出版物，揭示报道标准文献信息的目录、索引等。

现代标准文献产生于 20 世纪初，1901 年英国成立了第一个全国性标准化机构，同年世界上第一批国家标准问世。此后，美、法、德、日等国相继建立全国性标准化机构，出版各自的标准。我国于 1957 年成立国家标准局，次年颁布了第一批国家标准（GB）。

有代表性的国际标准化机构是 1947 年成立的国际标准化组织（ISO）和 1906 年成立的国际电工委员会（IEC），它们制定或批准的标准具有广泛的国际影响。

（二）标准文献的分类

1.按使用范围划分

（1）国际标准：国际通用的标准，主要有 ISO 标准、IEC 标准等。

（2）区域性标准：经世界某一地区的若干国家标准化机构协商颁布的标准，如全欧标准（EN）。

（3）国家标准：由国家标准化机构颁布的标准，如我国国家标准（GB）。

（4）专业标准：指某一专业团体对其所采用的零部件或原材料、完整的产品等所制定的标准，如美国石油协会标准（API）。

（5）企业标准：由公司企业自己规定的统一标准，如美国波音公司标准（BAC）。

2.按内容及性质划分

（1）技术标准：包括基础标准、产品标准、方法标准等。

（2）管理标准：包括技术管理标准、生产组织标准、经济管理标准、工作标准等。

3.按标准的成熟度划分

（1）法定标准：指具有法律性质的必须遵守的标准。

（2）试行标准：指内容不够成熟，尚有待在使用实践中进一步修订、完善的标准。

（3）标准草案：指审批前由草拟者或提出机构供讨论并征求有关方面修改意见的标准稿件。

（4）推荐标准：制定和颁布标准的机构建议优先遵循的标准。

（三）标准文献的编号

标准编号是标准文献的一大外部特征。编号方式上的固定化使得标准编号成为检索标准文献的途径之一。

无论是国际标准还是各国标准，在编号方式上均遵循一种固定格式，通常为"标准代号+流水号+年代号"。

1.中国标准的编号

中国国家标准及行业标准的代号一律用两个大写汉语拼音首字母表示，编号由标准代号、流水号和批准年代组合而成。

2.国际标准化组织的标准编号

国际标准化组织（ISO）负责制定和批准除电工与电子技术领域以外的各种技术标准。编号是由英文大写字母 ISO、顺序号、年代号组合而成。

二、标准文献检索方法与检索平台

（一）标准文献检索方法

标准文献一般使用标准号、标准名称（关键词）和标准分类号进行检索，其中使用标准号检索是最常用的方法，但检索时用户需要预先知道标准号。人们在检索标准文献时一般不知道明确的标准号，只知道一个名称，因此需要用其他方法进行检索，如使用标准名称（关键词）进行检索。标准名称（关键词）检索有一个明显的优势，即只要输入标准名称中的任意有关词，就可以找到所需的标准，但前提是检索词要规范，否则就要使用标准分类号进行检索。

（二）标准文献检索平台

我国除万方数据知识服务平台和中国知网提供标准文献检索外，还有一些网站也可以查找标准文献。标准文献检索平台主要有以下几个：

1.中国国家标准化管理委员会

中国国家标准化管理委员会网站 http://www.sac.gov.cn）提供标准化动态、标准目录、标准公告、国家标准修改通知等信息。用户可以免费在线阅读并下载国家强制性标准原文。该网站提供中英文两个版本的国家标准检索，并有 ISO、IEC 等国际标准化组织的超链接。用户选择网站首页"公众服务"下面的"强制性国家标准全文公开"，可进行强制性国家标准检索，并能下载全文；选择"国家标准目录查询"，可进行国家标准检索，但不能下载全文。

2.标准网

标准网（http://www.standardcn.com）是由国家发展和改革委员会产业协调司主管，机械科学研究总院中机生产力促进中心建设并维护的我国工业行业的标准化门户网站。其内容涉及轻工、纺织、黑色冶金、有色金属、石油、石化、化工、建材、机械、汽车、锅炉压力容器、电力、煤炭、包装、制药装备、黄金、商业、物流和稀土等 19 个行业的行业标准管理与服务信息。根据网站建设的目的和功能，网站设置了十个主要栏目：标准动态、标准公告、标准计划、工作平台、组织机构、信息查询、文章精选、标准书市、专题栏目、相关产品。

3.国际标准化组织

国际标准化组织（网址 http://www.iso.org）是一个全球性的非政府组织，它是国际标准化领域中一个十分重要的组织，是目前世界上具有一定权威性的国际标准化专门机构。ISO 的任务是促进全球范围内标准化及其有关活动的发展，以利于国际产品与服务的交流，以及在知识、科学、技术和经济活动中发展国家间的相互合作。

4.国际电工委员会

国际电工委员会（网址 http://www.iec.ch）成立于 1906 年。它是世界上成立最早的国际性电工标准化机构，其负责有关电气工程和电子工程领域中的国际标准化工作。

第三节 会议文献及其检索

一、会议文献概述

会议文献（Conference Papers）是指在各种专业学术会议上交流或发表的论文和报告，其具有学术性强、内容新颖、质量高等特点。许多重大发现和学术成果往往在学术会议上公布。

学术会议按其组织形式和规模，一般可分为五大类：国际性会议、地区性会议、全国性会议、学会或协会会议和同行业联合会议。

会议文献一般具有出版发行较快、可靠性强等特点。其文献内容大多数是首次公布的新成果、新理论和新方法。它是集中了解一个研究领域或研究主题动态的信息源，并且多数会议文献以会议录（Proceedings）的形式出版。

二、会议文献检索

（一）中国重要会议论文全文数据库

中国重要会议论文全文数据库是中国知网系列数据库之一。其目前提供的服务方式有 Web 版（网上包库）、镜像站版、光盘版、流量计费等。进入中国重要会议论文全文数据库检索页面，题录为免费检索，下载全文需付费。

（二）国家科技图书文献中心会议论文库

国家科技图书文献中心会议论文库（网址 http://www.nstl.gov.cn）包括中文会议论文库和外文会议论文库，均为文摘库。其中中文会议论文库主要收录了 1985 年以来我国国家级学会、协会、研究会以及各省、部委等组织召开的全国性学术会议论文。中文会议论文库的学科范围主要为自然科学各专业领域。外文会议论文库主要收录了 1985 年以来世界各主要学术协会、出版机构出版的学术会议论文，部分文献有少量回溯。外文会议论文库的学科范围涉及工程技术和自然科学等专业领域。

（三）中国学术会议在线

中国学术会议在线是由教育部科技发展中心主办，提供学术会议预告、会议专题报告视频、会议新闻、国内外会议日程等信息的网站。用户可以按"会议名称""主办单位""主办城市"等进行检索，也可按学科浏览。

（四）科学技术会议录索引数据库

科学技术会议录索引数据库（Index to Scientific&Technical Proceedings，简称 ISTP）由美国科学情报所（ISI）主办，于 1978 年创刊。目前 ISI 基于 Web of Science 检索平台，将 ISTP 和 ISSHP（社会科学和人文科学会议录索引）两大会议录索引集成为 ISI Proceedings，汇集了世界上最新出版的会议录资料，包括专著、丛书、预印本以及源于期刊的会议论文，提供了全面、多学科的会议论文资料。

第四节 科技报告文献及其检索

一、科技报告概述

科技报告是关于某科研项目或科研活动的正式报告或记录，多是研究单位、设计单位或个人以书面形式向提供经费和资助的部门或组织汇报其研究设计与开发项目的成果及进展情况的报告。科技报告具有不拘形式、内容新颖、课题前沿、内容翔实、发行范围受到控制等特点。

科技报告与科学研究活动密切相关，许多最新的研究成果，尤其是尖端学科的最新探索往往出现在科技报告中，因此科技报告是一种非常重要的学术信息资源。它对交流科研思路、推动发明创造、评价技术差距、改进技术方案、避免科研工作中的重复与浪费、促进科研成果转化为生产力等方面具有积极作用。

二、科技报告检索

各个国家都有自己的科技报告，但数量最大、品种最多的是美国政府部门出版的政府报告。美国政府报告主要有四大类型：行政系统的 PB 报告、军事系统的 AD 报告、航空与宇航系统的 NASA 报告、原子能和能源管理系统的 DOE 报告。

（一）美国政府报告数据库

美国政府报告数据库（National Technical Information Service，简称 NTIS）以收录美国政府立项研究及开发的项目报告为主，可以检索 1964 年以来美国四大报告（AD、PB、NASA、DOE）的文摘索引信息，少量收录世界其他国家的科学研究报告，专业内容覆盖科学技术各个领域。

（二）科技报告免费检索网站

科技报告免费检索网站（Networked Computer Science Technical Reports Library，NCSTRL，http://www.ncstrl.org）汇集世界上许多大学以及研究实验室有关计算机学科的科技报告，用户可以浏览或检索，也可免费下载全文。

原子能和能源管理系统网站（DOE Information Bridge，http://www.osti.gov）可以检索并获得美国能源部提供的研究与发展报告全文，内容涉及物理、化学、材料、生物、环境、能源等领域。

第六章 互联网资源检索

第一节 搜索引擎

搜索引擎（Search Engines）是指根据一定的策略、运用特定的计算机程序从互联网上采集信息，在对信息进行组织和处理后，为用户提供检索服务，将检索的相关信息展示给用户的系统。从检索的有效性、学术性和专业性方面来看，搜索引擎不如前文所讲的各类学术性数据库资源，但它是利用和检索互联网信息的最佳工具。搜索引擎能比较全面地收集互联网中种类繁多而杂乱无章的信息，并注重实时更新，其信息时效性非常强。人们可以将数据库资源和搜索引擎结合使用，以便更好地了解某一学科或专业的最新发展情况。

一、搜索引擎分类

（一）目录式搜索引擎和关键词搜索引擎

搜索引擎按检索方式划分为目录式搜索引擎和关键词搜索引擎。目录式搜索引擎属于浏览式搜索引擎，它将网络资源进行选择和评价后形成摘要，置于一个有分类依据的树形主题目录中。用户逐层点击类目，找到相关网络资源。目录式搜索引擎层次结构清晰、导航质量较高，但更新较慢。搜狐网和 Yahoo 都属于目录式搜索引擎。

关键词搜索引擎以关键词为切入点进行检索，提交检索请求后，系统自动检索，索引库将相关结果反馈。其优点是交互性强、信息量大、更新及时，缺点是检索结果会返回较多无关信息。关键词搜索引擎的代表是 Google、百度等。

（二）综合性搜索引擎和专题性搜索引擎

搜索引擎按检索内容分为综合性搜索引擎和专题性搜索引擎综合性搜索引擎提供多类型、多主题的网络信息检索服务，大型搜索引擎如 Google、百度、Yahoo 都属于此类。它们的信息覆盖范围广，并提供丰富的专业搜索产品以及阅读、翻译等检索辅助工具，功能强大，操作方便，已成为人们最常使用的网络工具。

专题性搜索引擎又称垂直搜索引擎或专业搜索引擎。它针对某一类或某一主题信息进行收集，因此检索结果会更精确，专业相关度也更高，例如学术搜索引擎、视频搜索等。

二、搜索引擎基本检索方法

人们使用搜索引擎进行检索时一般是在检索条框中直接输入一个或多个检索词，往往会得到过多内容，其中包含很多不相关的结果。搜索引擎有固定的检索方法和技术来帮助用户提高检索效率。

（一）逻辑关系检索

表示逻辑"与"关系在多个检索词之间用一个空格隔开进行检索，无须使用 AND。

表示逻辑"或"关系在检索词之间使用大写的"OR"连接符，百度使用"1"连接符表示或者关系。连接符与检索词之间必须有空格。

表示逻辑"非"关系可以使用"-"连接两个或几个检索词。注意"-"连接符与前一个检索词之间必须有空格和后一个表示排除范围的检索词之间无空格。例如，检索"哈利•波特-电影"，检索结果是与哈利•波特相关的书籍、新闻等方面内容，但不包括与哈利•波特系列电影相关的信息。

（二）词组检索

如果输入较长的检索词，搜索引擎会对整个字符串做拆字处理。如果要检索得到精确内容，可给检索词加双引号。例如，输入网络信息检索，不加双引号得到的检索结果是包含"网络""信息""检索"这三个词的信息，三个词之间有间隔内容，并可能分别出现在网页的任何位置。加双引号得到包含完整"网络信息检索"的内容。

（三）限定检索

网站限定检索可在检索内容的后面加上"site:网站和域名"，站点域名不带"http://""site:"和站点名之间无空格。网页标题限定检索用"intitle:"，后面要加在标题中出现的关键词。文件格式限定检索是在检索词后加"filetype:文件类型"，可限定搜索 doc、xls、ppt、pdf、rtf 等文件格式。

不同的搜索引擎会有不同的具体检索规则，使用时可参考相应搜索引擎的帮助信息。搜索引擎对输入的关键词不区分大小写，在使用布尔逻辑算符时必须用大写。

三、常用学术搜索引擎

学术搜索引擎是以互联网上的学术信息资源为检索对象的专业搜索引擎。检索资源主要包括图书、学术论文、文档题录信息、学术期刊等学术资源以及学术站点。它帮助用户获取免费的学术资源，过滤了大量无关信息，保障了检索结果的专业性和相关性。学术搜索引擎还具备数据挖掘分析、学术圈等特色功能。它已成为科研人员检索学术信息时不可或缺的工具。下面对几个常用的中外文学术搜索引擎做简单介绍。

（一）百度学术

百度学术是一个提供海量中英文文献检索的学术资源搜索平台，其涵盖了学术期刊、会议论文、学位论文等文献类型。

百度学术（网址 http://xueshu.baidu.com）首页提供简单检索和高级检索，并可进行检索设置。学术搜索引擎的检索结果不是网页链接，而是与检索词匹配的相关文献题录列表，并提供该文献来源数据库的链接。页面可对检索结果排序、分类浏览和聚类分析，页面右侧推荐相关关键词、期刊和研究学者。每个中文文献的题录信息后面包括被引数量、相关文献，以及收藏、引用和免费下载链接。点击文章的标题进入所在数据库的文章详细信息页面。命中文献后方标有"免费下载"链接的，可以直接点击获取全文内容，这类文献属于网络免费公开资源。

（二）谷歌学术搜索

谷歌学术搜索（Google Scholar，http://scholar.google.com）是一个可以免费搜索学术文章的网络应用，可以搜索众多学科和资料来源，包括学术著作出版商、专业性社团、预印本、各大学及其他学术组织的经同行评论的文章、论文、图书、专利和引用情况等。谷歌学术搜索还提供图书馆馆藏资源的查询和链接，为用户获取文献全文提供帮助。

谷歌学术搜索提供简单搜索和高级搜索两种模式。页面上方的"设置"按钮可选择输入指令语言和搜索结果语言，以及其他个性化设置。设置指令语言为英文时，简单搜索页面为英文，并可以限定对法律属性文件的检索。"统计指标"提供了按 H5 指数排名的热门出版物，并可查看该出版物的被引论文详细信息。中英文文献检索结果页面内容一致，每个命中文献提供基本题录信息、被引次数、相关文章推荐和所有链接版本等信息。点击文章标题进入来源数据库页面，根据用户的使用权限获取全文、文献传递或购买。如果文献题名右侧显示了文件类型标识链接，则可以直接点击该标识链接完成文献全文下载。

（三）中国知网（CNKI）学术搜索

CNKI 在《中国知识资源总库》的基础上，建设了 CNKI 学术搜索产品。它基于版权合作，将各类国际学术资源整合在一起，为用户提供免费的题录检索服务。CNKI 成为学术资源的统一发现平台，目前已与 100 多家国际出版社达成合作，拥有 3 亿多篇中外文文献。CNKI 学术收录的外文文献类型包括期刊、会议论文、学位论文、专利、标准、图书等。文献内容涵盖生物医学、化学、计算机科学、建筑学、数学、物理学、统计学、工程学、环境学等多个学科领域。

CNKI 学术搜索首页（http://scholar.cnki.net）包含检索区域和资源数据库、科研工具、推荐期刊等板块。其科研工具板块是以中国知网中的特色工具资源为基础整合到学术搜索平台中。CNKI 学术搜索是能够对中文、外文学术资源进行跨库、跨语言的一站式文献检索。通过机器翻译技术，系统将外文文献的重要内容自动翻译成中文，包括题名、关键词、文献中出现的重要学术术语等。在基本检索和高级检索界面，输入中文或英文检索词都可同时检索到中文和外文文献资源，帮助读者快速完成检索。

（四）在线期刊搜索引擎

在线期刊搜索引擎（Online Journal Search Engine，以下简称"OJOSE"）是一款免费的功能强大的科学搜索引擎。它是英文学术资源搜索引擎中的杰出代表。OJOSE系统整合了多个数据/库资源，系统与数据库商建立合作关系，不仅包括开放获取期刊在内的各类学术期刊信息，还链接了其他网络资源和在线书店等。

OJOSE 以统一的检索界面对用户提供免费索引服务，而且能指定检索数据库，确保了检索结果的准确性和专业性，系统的缺点是不能进行跨库检索。OJOSE 可检索到的文献类型包括期刊、文章、研究报告和图书等。OJOSE 的检索步骤非常简单，首先在检索栏输入检索词；接着选择要检索的数据库，个别数据库可选择关键词、题名、著者、刊名等检索字段，数据库列表占页面大部分内容，所以看起来比较复杂；最后提交检索，点击"Look for"或"Go"即可。

（五）比勒菲尔德学术搜索引擎

比勒菲尔德学术搜索引擎（Bielefeld Academic Search Engine，以下简称"BASE"；http://www.base-search.net）是由德国比勒菲尔德（Bielefeld）大学图书馆开发并营运的一个多学科的学术搜索引擎，其提供对全球异构学术资源的集成检索服务。

BASE 学术搜索引擎首页有多种语言可供选择，操作简单。标签页选项包括搜索、高级搜索、帮助、浏览和保存检索结果。可限制检索的文献类型有图书、论文、报告、学位论文、评论、音频、视频、图像、地图、软件、原始数据和注释。在"浏览"选项中，可以按照文献类型或杜威十进分类法浏览所有资源。BASE 检索的文献结果"URL"项中提供所有该文献的相关网址，一般网址以"半.html""术.docx"或"半.pdf"结尾的获得全文的可能性比较高。另外，BASE 学术搜索引擎的检索语法中，若搜索 A 或 B 则用（AB）表示，即用括号表示逻辑"或"，这种用法与其他搜索引擎不同。

第二节 专题网络资源

一、学位论文

学位论文一般不在刊物上公开发表，授予学位的单位保存纸质复本和电子版文档。目前可获取全文的学位论文商业数据库有国内的中国学位论文全文数据库和中国知网学位论文。国外最著名的是 PQDT 学位论文数据库，可浏览文摘也可获取少量全文内容。免费学位论文网络资源主要有以下几种：

（一）国内学位论文资源

1.CALIS 学位论文数据库

CALIS 学位论文中心服务系统面向全国高校师生提供中外文学位论文检索和获取服务。它还提供国内外大量学位论文的全文在线浏览以及全文传递联合保障服务。

2.国家科技文献中心学位论文数据库

.国家科技文献中心（NSTL）学位论文数据库分中文和外文学位论文检索。中文学位论文数据库收录了 1984 年至今我国高等院校、研究院所的大部分硕博士论文和博士后报告。

3.国家图书馆博士论文数据库

国家图书馆学位论文收藏中心是国务院学位委员会指定的全国唯一负责全面收藏和整理我国学位论文的专门机构，也是人事部专家司确定的唯一负责全面入藏博士后研究报告的专门机构。

（二）国外学位论文资源

1.全球博硕士论文全文数据库

全球博硕士论文全文数据库（ProQuest Dissertations and Theses Global，简称 PQDT Global）免费提供部分开放获取的 ProQuest 国外学位论文全文。用户可以简单迅速地搜索与学科相关的学位论文，并浏览完整的 pdf 格式的全文。

2.NDLTD 学位论文库

NDLTD 学位论文库（Networked Digital Library of Theses and Dissertations，简称 NDLTD）是由美国国家自然科学基金和美国弗吉尼亚理工大学于 1997 年在网上建立的学位论文共建共享项目。该数据库为用户提供免费的学位论文文摘，还有部分可获取的免费学位论文全文。

3.伍斯特理工学院电子学位论文数据库

美国伍斯特理工学院（Worcester Polytechnic Institute，简称 WPI）的网络版学位论文数据库（http://www.wpi.edu/Pubs/ETD/），涵盖大部分理工学科，部分论文可免费下载全文。

4.俄亥俄图书馆与信息网络电子论文中心数据库

俄亥俄图书馆与信息网络（The Ohio Library and Information Network，简称 OhioLink）是美国俄亥俄州图书馆与 17 所公立大学、23 所社区/专科学院、43 所私立大学的图书馆联合建立的图书馆联盟，其中的电子论文中心（Electronic Theses&Dissertations Center，简称 ETD）；可免费获取联盟中高校的大部分论文的全文。

二、会议文献

目前互联网中可提供会议论文全文的大多是商业数据库。国内知名的有 CNKI 的"中国重要会议论文全文数据库"和"国际会议论文全文数据库"，以及万方数据知识服务平台的"中国学术会议文献数据库"等。国外有 IEL（IEEE/IEE Electronic Library）、ASCE、ACM 等数据库，它们由知名学协会建立，收录该学协会旗下会议的相关会议文献。国外著名的文摘型会议文献数据库还有 CPCI 和 OCLC 中的国际学术会议论文索引（Conference Papers Index），另外 EI 工程索引数据库中也有很多工程类相关的会议文献。在这里主要介绍国内外学术会议的报道信息，这些会议报道网站收集会议相关信息及其文献，并提供免费服务。

（一）国内会议文献资源

1.中国学术会议在线

中国学术会议在线（网址 http://www.meeting.edu.cn）由教育部科技发展中心主办它实现了学术会议网上预报、在线服务、学术会议交互式直播/多路广播和会议资料点播等功能，还提供学术会议分类搜索、在线报名、会议论文征集等服务。用户可以通过免费注册，来检索和获取相关的会议信息。

2.中国学术会议网

中国学术会议网由中国互联网络信息中心（CNICI）（http://conf.cnki.net）主办，收录国际、国内各类学术会议信息，是专为会议主办方、作者、参会者设计并开发的网络化学术会议服务平台。该网站推荐即将召开的各类学术会议信息，参会者可直接在网站进行投稿、注册参会。

3.上海图书馆馆藏专业会议论文题录库

上海图书馆建立了从 1986 年至今约 50 万条记录的馆藏中国专业会议题录数据库（网址 http://www.library.sh.cn/skjs/tzwx.htm），年新增数据 3 万余条。其可通过题名、作者、分类、会议名称等途径进行检索。

4.中国会议网

中国会议网（http://www.chinameeting.cn）发布国内召开的各种会议、展览、培训信息以及国际性会展消息，并提供参展、参会和培训的网上报名服务。

（二）国外会议文献资源

1.全球会议在线

全球会议在线（All Conference），该网站（http://www.allconferences.com）提供全世界范围内各学科的学术会议信息预报。该网站共展示了超过 10 万多个会议、贸易展览和研讨会相关信息。用户通过网站可检索会议信息，通过注册可获得感兴趣的会议信息。

2.学术会议预告

学术会议预告（Calender of Upcoming Technical Conferences），该网站（http://www.techexpo.com）公布世界范围内即将召开的高科技领域国际会议，可以用主题词、地点、会议名称、主办者等信息进行检索。用户通过点击会议名称可直接跳转到该会议的相关网页。

3.欧洲研究会议

欧洲研究会议（ESF Conferences，http://www.esf.org）是由欧洲科学基金会提供的各学科已经召开与即将召开的会议信息的网站。

三、科技报告

科技报告具有保密性，仅小部分可公开或半公开，较难获取全文。国内的商业性科技报告数据库有万方的"中国科技成果数据库"、CNKI 的"国家科技成果数据库"，国家科技图书文献中心（NSTL）的国外科技报告数据库可查看摘要内容。国外较为主要的有美国政府科技报告，包括四大部分：行政系统的 PB 报告、军事系统的 AD 报告、航空与宇航系统的 NASA 报告、原子能和能源管理系统的 DOE 报告，这些内容可通过美国政府报告数据库（NTIS）进行检索和查看部分原文。下面介绍几个免费提供国内外科技报告的资源网站。

（一）国内科技报告资源

1.国家科技成果网

国家科技成果网（网址 http://www.tech110.net）是由科技部发展计划司于 1999 年创建。它是科技成果登记管理工作性平台，为科技成果转化提供支撑性信息服务。

2.国家工程技术研究中心

国家工程技术研究中心，又称"国家级工程技术研究中心"，其网站可分类浏览相关科技成果，提供国家工程技术研究中心的发展运行情况年度报告。

3.中国报告大厅

中国报告大厅网站（网址 http://www.chinabgao.com）提供针对企业用户的权威市场研究报告、市场调查、统计数据、项目可行性报告、商业计划书等。用户可以通过该网站查看一些免费的行业资讯和研究分析报道，以及部分免费的产业分析研究报告。

4.上海图书馆特种文献

上海图书馆特种文献（网址 http://www.library.sh.cn）包括馆藏日本科技报告数据库、馆藏美国政府研究报告数据库和馆藏美国航空航天学会报告数据库，用户可进行检索并查看摘要信息。

（二）国外科技报告资源

1.美国宇航局科技信息规划

美国宇航局科技信息规划（NASA Scientific and Technical Information Program）网站（https://www.nasa.gov/content/nasa-scientific-and-technical-information-sti-program）收集和整理美国航空航天局的研究发展成果，提供航空航天方面的书目通告检索服务，可免费查看下载科技报告全文。

2.美国国防技术信息中心网站

美国国防技术信息中心（DTIC）网站（http://www.dtic.mil）可检索美国国防及相关领域内容，多数可以看到摘要，部分能看到全文。其中科技资源（Scientific and Technical Resources）部分内容可获得原文。

3.国际科学联合会环境问题科学委员会

国际科学联合会环境问题科学委员会（Scientific Committee on Problems of the

Environment, SCOPE）网站（http://www.icsu-scope.org）中"Program"选项下的"Science Policy""CRS Reports"，可分主题浏览也可检索，大部分都提供报告全文。

4.世界银行报告

世界银行报告包含超过 19 万份文件和报告，与经济、人文、教育、能源等多个领域相关，同时包含多国家多语种的报告内容，大部分可通过网站（http://documents.worldbank.org/curated/en/home）获取全文。

5.惠普实验室技术报告

惠普实验室技术报告网站（HP Labs Technical Reports，https://www.hpl.hp.com/hplabs/index）提供惠普实验室技术报告检索，可按年份浏览，全文免费下载。

四、标准资源

国内商业性标准数据库有 CNKI 的"国家标准全文数据库""国内外标准题录数据库"和"中国行业标准全文数据库"、万方数据知识服务平台的"中外标准数据库"，以及 NSTL 提供的国内外标准数据库。在国外商业数据库中，大部分学（协）会创办的数据库资源中都提供该学（协）会涉及行业的相关标准内容。下文介绍几种来自互联网的免费标准资源。

（一）国内标准资源

1.中国国家标准化管理委员会网站

中国国家标准化管理委员会网站（http://ncse.sac.gov.cn）提供标准化新闻、各地各业的标准化进展、标准相关的法律法规，发布国家标准计划公告，同时可检索国家标准目录，获得标准的题录信息，可以免费下载和阅览中国国家强制性标准的 PDF 格式的全文。

2.国家标准文献共享服务平台网站

国家标准文献共享服务平台网站（http://www.cssn.net.cn/cssn/index）提供标准文献检索、标准文献全文传递和在线咨询等服务。其资源内容包括国家标准馆馆藏，涵盖国家标准、行业标准、地方标准、国际标准、国外国家标准和专业学（协）会标准。

（二）国外标准资源

1.国际标准化组织网站

国际标准化组织（ISO）网站（http://www.iso.org/home.html）提供各种关于该组织标准化活动的背景及最新信息，各技术委员会、分委员会的目录及活动，可检索 ISO

的所有已颁布标准，并提供在线订购全文服务。

2.国际电工委员会网站

国际电工委员会（IEC，http://www.iec.ch）主要任务是制定电气、电子工程领域的国际标准和发行各种出版物。IEC 网站提供标准检索和其他出版物的信息服务。

3.美国国家标准学会网站

美国国家标准学会（http://www.ansi.org）提供 ANSI 标准信息、质量评估、新闻、参考图书馆、标准活动、ANSI/ISO/IEC 联合目录、ANSI 电子标准馆藏等。

五、专利资源

专利是世界上最大的技术信息源，包含了世界科学技术信息的 90%~95%。专利具有报道迅速、技术信息详尽的特点，因此在科研工作中查阅专利文献资源可以提高研究起点并节约时间。提供专利检索的国内商业数据库有 CNKI 的"中国专利全文数据库""海外专利摘要数据库"、万方数据知识服务平台的"中外专利数据库"以及 NSTL 的中外专利内容。国外比较著名的专利数据库有德温特专利索引（Derwent Innovations Index，简称 DII），它是世界上最全面的国际专利信息数据库，其内容最早可追溯至 1963 年。下面介绍几种来自互联网的免费专利资源。

（一）国内专利资源

1.国家知识产权局

国家知识产权局网站（https://www.cnipa.gov.cn）提供专利检索与查询服务。用户点击首页选项栏中的"专利检索与查询"，再选择"专利检索与服务系统"即可。专利检索系统提供常规检索、表格检索、概要浏览、详细浏览、批量下载等功能，收录了 103 个国家、地区和组织的专利数据，其中涵盖了中国、美国、日本、韩国、英国、法国、德国、瑞士、俄罗斯、欧洲专利局和世界知识产权组织等，大部分专利可浏览全文。另外，该网站还提供专利相关知识、培训、专利利用指导等内容，点击首页"文献服务"选项即可查看学习，其中"互联网专利检索系统链接"和"互联网专利检索系统使用指南"，可以帮助我们了解互联网上其他专利检索系统。

2.专利信息服务平台

专利信息服务平台（http://www.patviewer.com）由国家知识产权局下属单位知识产权出版社有限责任公司提供专利文献检索服务。平台包括 1985 年 9 月 10 日以来公布的全部中国专利信息，也包括美国、日本、瑞典、阿拉伯、东南亚等多个国家和地区的专利资源。

3.粤港澳知识产权资料库

该资料库涵盖了广东省、香港特别行政区和澳门特别行政区现行的知识产权资料。用户可以分别检索相关的注册制度、政府机构等资料。

（二）国外专利资源

1.欧洲专利局网站专利检索

1998 年欧洲专利局建立了网上专利数据检索系统（http://www.epo.org）。其数据类型包括：题录数据、文摘、文本式的说明书及权利要求。部分国家专利文献可免费下载全文。

2.美国专利商标局专利检索

美国专利商标局网站（http://www.uspto.gov）包括"专利全文和图像数据库"与"专利申请全文和图像数据库"。它包含的专利文献种类有：发明专利、设计专利、植物专利、再公告专利、防卫性公告和依法注册的发明等。该网站包括可检索的授权专利基本著录项目、文摘和文本型的专利全文数据。

第三节 开放获取资源及其检索

一、开放获取概述

开放获取（Open Access，以下简称"OA"）是指在线免费访问、不受版权和许可限定的学术文献和信息资源。根据"布达佩斯开放获取计划"对开放获取的定义：开放获取意味着某文献可以在互联网公共领域里被免费获取，允许任何用户阅读、下载、复制、传递、打印、搜索、超链接，也允许任何用户为其建立索引、获取数据或其他任何合法用途。用户在使用开放资源时不应受到财力、法律或技术的限制；但是需要用户在使用作品时合理引用，并且原作者有权控制其作品的完整性。

期刊和图书价格的上涨和电子资源的严格使用权限限制，迫使教育科研机构不断减少订购学术资源。科技知识的广泛传播和公共保存受到严重限制，科技知识变成相关单位的垄断产品。在这种情况下，国际科技界提出了科技信息开放获取的理念。

OA 是一种新型的学术资源开放传播模式。它打破了传统的商业出版模式，促进了学术信息的交流，提高了科研成果的利用程度，保障了科学信息的长久保存。

二、开放获取资源

目前 OA 资源主要包括开放获取期刊（Open Access Journals）和开放获取机构库（Open Access Repositories）两种类型。开放获取期刊是指经过同行评审，以免费的方式提供给读者或机构使用、下载、复制或检索的电子期刊。开放获取机构库则是收集、存放由某一个或多个机构或个人产生的知识资源和学术信息资源，可供社会共享的信息资源库。下文介绍几种国内外 OA 资源。

（一）国内 OA 资源

1.中国科技论文在线

中国科技论文在线（http://www.paper.edu.cn）是由教育部科技发展中心创建的科技论文网站，该网站无须传统的评审、修改、编辑、印刷等程序，科研人员可方便、快捷地发表成果和新观点。只要作者投稿遵守国家相关法律，为学术范围内的讨论，有一定学术水平，基本理论正确，且符合中国科技论文在线的基本投稿要求，一般可在 7 个工作日内发表。中国科技论文在线的 OA 资源平台集合了国内外各学科领域 OA 期刊的海量论文资源和 OA 仓储信息，并提供学科、语种等多种浏览方式。该网站不仅实时更新各 OA 期刊最新发表的论文，而且定期收录最新的 OA 期刊。

2.中国科技期刊开放获取平台

中国科技期刊开放获取平台（COAJ，http://www.coaj.cn/）前身是中国科学院科技期刊开放获取平台（CAS-OAJ），它是一个开放获取、学术性、非营利的科技文献资源门户，集中展示、导航中国开放获取科技期刊，强化科技期刊的学术交流功能，提升中国科技期刊的学术影响力。

3.开放获取论文一站式发现平台

开放获取论文一站式发现平台（GoOA，http://gooa.las.ac.cn）由中国科学院文献情报中心开放资源建设团队创建，提供基于 OA 期刊、论文、图片、概念树等多维度的浏览、检索以及图谱分析和 OA 期刊投稿推荐等服务。

4.Socolar

Socolar（http://www.socolar.com）由中国教育图书进出口公司开发并管理，旨在为用户提供开放获取资源检索和全文链接服务的公共服务平台。该平台一方面对世界上重要的开放获取期刊和开放获取仓储资源进行全面的收集和整理，另一方面支持对重要开放获取期刊和开放获取仓储资源进行统一检索。

5.厦门大学学术典藏库

厦门大学学术典藏库（XMUIR）主要是用来存储厦门大学师生具有较高学术价值

的学术著作、期刊论文、工作文稿、会议论文、科研数据资料，以及重要学术活动的演示文稿等，方便校内外及国内外同行学者之间的学术交流和知识共享。

6.香港科技大学图书馆知识库

该知识库是由香港科技大学图书馆用 Dspace 软件开发的数字化学术成果存储与交流知识库，收录该校教学科研人员和博士生提交的论文（包括已发表和待发表的）、研究与技术报告、工作论文和演示稿全文等。

（二）国外 OA 资源

1.开放存取期刊目录

开放存取期刊目录（Directory of Open Access Journals，简称 DOAJ）是由瑞典隆德大学图书馆于 2003 年推出的开放获取期刊的检索系统，涵盖了免费的、可获取全文的、高质量的科学和学术期刊。目前，该系统可提供 4503 种开放获取期刊的访问，其中 1737 种支持文章级检索，涉及各个学科领域，收集论文量达 332262 篇（数据动态更新）。该系统提供刊名检索、期刊浏览以及文章检索等功能。DOAJ 按期刊的学科主题分为 17 类，包括：农业与食品科学、艺术与建筑、生物及生命科学、化学、数学与统计、物理及天文学、工程学、地球及环境科学、保健科学、自然科学总类、历史及考古学、语言及文学、法律与政治、经济学、哲学与宗教、社会科学、综合性等。

2.斯坦福大学图书馆

斯坦福大学图书馆（HighWire Press）是由美国斯坦福大学图书馆于 1995 年创立的提供免费全文的学术文献出版机构。学科范围覆盖生命科学、医学、物理学和社会科学等。

3.百万图书项目

百万图书项目（Million Book Project）是美国卡内基梅隆大学基于科研和教学需求创建的非营利性项目。美国、中国、印度、埃及、加拿大和荷兰等 50 多个国家和地区均设有扫描中心。该项目覆盖学科范围广，图书数量大且质量较高，提供免费阅读，可实现全文检索。

4.电子预印本文献库

电子预印本文献库（arXiv.org）是美国国家科学基金会和美国能源部资助，于 1991年在美国洛斯阿拉莫斯国家实验室建立的电子预印本文献库。预印本（Preprint）是指科研工作者的研究成果还未在正式出版物上发表，出于和同行交流的目的自愿先在学术会议上或通过互联网发布的科研论文、科技报告等。其内容覆盖包括物理理论、数学、计算机科学、非线性科学、定量生物学和统计学等学科领域。平台还收录美国物理协会、英国物理学会等出版的电子期刊全文。

目前互联网上可检索使用 OA 资源的中外平台有很多，为 OA 期刊做索引和目录的网页也有很多。

另外，世界范围内大部分高校图书馆主页中会对相关 OA 资源进行推荐和介绍，用户可选择性地查看相关高校图书馆或科研部门提供的 OA 资源推荐内容。

第四节 高校学生常用资源

一、考试学习

（一）考试资源

1.中国教育在线

中国教育在线（http://www.eol.cn）满足各类教育需求，发布各类权威的招考、就业、辅导信息。中国教育在线囊括高考频道、考研频道、留学频道、教师频道、外语频道、培训频道等众多频道，贯穿从幼儿园到继续教育的所有教育需求，用户覆盖终身教育人群。

2.233 网校

233 网校（http://www.233.com）面向较高学历人群，提供财会类、建筑类、职业资格、学历类、公务员类、外语类、计算机类、医药类和外贸类，共九大类考试信息服务。网站提供考试报名信息、考试培训辅导、在线模拟测试、历年考试试题、考试方法和技巧等考试资源。在线模拟测试与多家出版社、培训机构达成合作联盟。

3.中国研究生招生信息网

该网站（http://yz.chsi.com.cn）为教育部唯一指定的研究生入学考试网上报名及调剂网站，主要提供研究生网上报名及调剂、专业目录查询、在线咨询、院校信息、报考指南和考试辅导等方面的服务和信息指导。

4.考研论坛

考研论坛（http://bbs.kaoyan.com）为中国广受欢迎的考研交流社区之一，提供的服务涵盖考研的各个方面。

5.沪江英语网

该网站（http://www.hjenglish.com）提供包括国内领先的外语互联网门户媒体、B2C电子商务、SNS 学习社区、外语互联网学习工具在内的全套外语数字教育网络服务。

6.普特英语听力

该网站（http://www.putclub.com）为中国最大的英语听力训练社区。其学习栏目包括：广播英语、考试听力、英语试听、英语听力资源下载、听力教程、综合能力、英语学习工具等。

7.国家公务员考试网

该网站（http://www.chinagwy.org）为专业的公务员考试门户网站，汇集国家以及各省/自治区/直辖市的公务员考试和招录信息。该网站根据国家公务员考试大纲提供相关内容训练，为考生考取公务员提供全程同步的咨询参考、报考辅导、知识提高、面试技巧等公务员考试综合服务。

（二）公开课资源

1.国家精品课程资源网

该网站（http://www.jingpinke.com）由中华人民共和国教育部主导推动的国家级精品课程集中展示平台。该网站汇集了海量国内外优质教学资源，博览全球众多高校、企业开放课程，初步建成了适合各类优质教学资源存储、检索、运营的共享服务平台。网站主要有资讯中心、视频专区、课程中心、资源中心、教材中心5个板块。

2.网易公开课

2010年网易正式推出"全球名校视频公开课"，可在线免费观看来自世界级名校的公开课课程，以及可汗学院、TED等教育组织的精彩视频。其内容涵盖人文、艺术、科学、金融等领域。网易公开课还提供 Android 客户端，为网友打造了可随时随地上名校公开课的免费课程平台。

3.大型开放式网络课程学习网站

MOOC 是"Massive Open Online Courses"的简称，中文翻译成"大型开放式网络课程"。美国的部分大学陆续建立网络学习平台，在网上提供免费视频课程，Coursera、Udacity、edX 三大课程提供商的兴起给学生提供了系统学习的可能。MOOC一般由世界名校开设，老师专门为学生网络学习录制课程。其教学内容更丰富，学习工具更多元化，增加了回应和互动式的教学设计。课程安排有作业和考试，一些 MOOC 考试通过后会授予证书。通过网络，学员还可以和共同学习者进行笔记交流和课程讨论。

国内 MOOC 学习网站主要有：MOOC 学院（http://mooc.guokr.com）；中国大学MOOC（http://www.icourse163.org）；MOOC 中国（http://www.mooc.cn）；学堂在线（http://www.xuetangx.com）。

二、求职创业

（一）中国三大人才网

中国三大人才网包括：智联招聘（网址 http://www.zhaopin.com）、前程无忧（网址 https://mkt.51job.com）、中华英才网（https://www.chinahr.com）。它们可为个人用户提供网上求职、简历中心、求职指导等个性化服务；为企业客户提供以网络招聘、培训服务和人才测评为核心的人才解决方案。

（二）中国教育在线

中国教育在线的教育人才招聘板块提供针对教育领域的人才招聘信息；校园招聘板块为高校学生就业提供全方位的指导。

（三）世界创业实验室

世界创业实验室是国际化的创业研究机构和创业网站（http://elab.icxo.com）是世界经理人资讯有限公司（网址 www.icxo.com）全资附属机构，世界创业实验室能为创业者提供适合自身条件以及行业发展的策略和建议。

（四）全国大学生创业服务网

全国大学生创业服务网（http://cy.ncss.cn/）是教育部唯一宣传、鼓励、引导大学生创业的网站，它是教育部发放"高校毕业生自主创业证"的官方网站。该网站提供创业资讯、创业指导、项目展示、创业项目对接、线上素质测评、在线模拟创业、创业大赛等服务。

（五）中国大学生创业测评网

中国大学生创业测评网是全国首家由高校运作的大学生创业网站（网址 http://www.chinadxscycp.org）。其开设有创业环境、创业教育、自我设计、实践尝试、创业乐园和异域文化 6 个类别共 30 多个栏目。

（六）国家大学生就业服务平台

国家大学生就业服务平台（网址 http://www.ncss.cn）是由教育部主管、教育部学生服务与素质发展中心运营的服务于高校毕业生及用人单位的公共就业服务平台。其主要围绕毕业生和用人单位的需要，开展教育、指导、研究、宣传等服务，提供准确及时的就业招聘信息。

（七）威客网站

威客的英文 Witkey，是由 wit（智慧）、key（钥匙）两个单词组成的，也是"the key of wisdom"的缩写，它是指在互联网上通过帮助他人解决各种问题从而让知识、智慧、经验、技能体现经济价值的人们。威客体现了互联网按劳取酬和以人为中心的新理念。

三、常用文档

互联网上的免费文档一般通过文档分享网站获得，文档分享网站由注册用户免费上传并分享文档，上传的文档被其他用户下载后获得积分。用户可以在线免费阅读无须登录，但下载文档需要登录和消耗积分。

国内常用文档分享网站主要有以下几个：

（一）豆丁网

豆丁网（网址 http://www.docin.com）拥有超过 2 亿份的应用文档和书刊，包含分类广泛的实用文档、出版物、行业研究报告等。登录网站可阅读热门书刊、杂志、漫画以及各类专业文献，并有每日免费文档推荐。豆丁网允许用户上传包括 PDF、DOC、PPT、TXT 在内的数十种格式的文档文件，并以 Flash Player 的形式直接展示给读者。

（二）百度文库

百度文库（网址 https://wenku.baidu.com）汇集超过 1 亿份高价值的文档资料，内容专注于教育、PPT、专业文献、应用文书四大领域。文档类型包括 DOC、PPT、TXT、PDF、XLS 等多种格式。用户注册后通过上传文档或评价文档来赚取积分，用于下载其他文档内容。

（三）道客巴巴

道客巴巴平台（网址 https://www.doc88.com）文档数量已超 4 亿份，其文档内容经过严格审核，确保文档来源的合法性。

四、学历查询

中国高等教育学生信息网（网址 http://www.chsi.com.cn），简称"学信网"，由教育部学生服务与素质发展中心（原全国高等学校学生信息咨询与就业指导中心）主办。其开通了"阳光高考"信息平台、学籍学历信息管理平台、中国研究生招生信息网、内地高校面向港澳台招生信息网等平台，以及开通了学历查询系统、在线验证系统、硕士研究生网上报名和录取检查系统、硕士研究生招生调剂服务系统、学历认证网上办公系统等 20 余个信息系统。

学信网可查询国家承认的各类高等教育学历证书，研究生和普通本专科的学历证书已实现在线即时电子注册。

第七章 科学研究与学术论文写作

第一节 科学研究与文献调研

一、科学研究概述

（一）科学研究的定义

科学研究是人们探索未知领域的一种科学认识活动，是人们对自然界的认识由不知到知之较少，再由知之较少到知之较多，进而逐步深化进入事物的内部发现其本质规律的认识过程。

科学研究活动包括三方面内容：观察或探索未知事实的本质及其规律的实践活动；验证与发现有关事实的本质及其规律的实践活动；对已有知识的分析、整理、综合以及规范化、系统化的实践活动。具体而言，科学研究活动是探索未知、创造知识、验证知识、完善知识、整理知识和继承知识的实践活动。

（二）科学研究的特征

科学研究的特征主要有继承性、创新性、系统性、控制性。

科学研究的继承性特征是指科研是传承、连续、终身学习的不断认识的过程，是科研工作者一代一代进行探索，不断发现真理并累积科学知识的过程。

科学研究的创新性特征是指科研方法是从事科学研究所遵循的科学、有效的研究方式、规则及程序，也是广大科研工作者及科学理论工作者长期积累的智慧结晶，是从事科学研究的有效工具。好的科研方法进一步提炼总结以后，可以称为科学方法。通常所说的"得其法而事半功倍，不得其法而事倍功半"。因此，科学研究的创新性的重要意义在于，它对人们世界观的形成有促进作用，也对人们解决问题有指导意义；同时对科研工作者、专业技术人员和管理人员而言，它有助于提高工作效率。学者能够自学，管理者能够提高效率。

由于科技发展迅速，各个学科相互交叉、融合，使得各种新的理论不断被提出，新的技术不断被应用，与之相适应的科研方法也在不断被提炼。特别是系统论、控制论和信息论等横向性学科的出现，极大丰富了科研方法。这就是科学研究的系统性和控制性特征。这些科学研究方法为人们的科学认识提供了强有力的认识工具。根据研究方法的适用范围、概括层面以及科学研究的特点，可以将科学研究方法归纳为经典科学研究方法和现代科学研究方法两大类。

二、 文献调研

（一）文献调研的目的和方法

文献调研的目的是回答调研者想知道的问题。文献检索是第一步，查到文献后进行研读，获取有效信息，并经分析、整理、总结后解决想回答的问题，即检索、分析、阅读进而总结，这是一个完整的文献调研过程。文献调研的方法主要有以下几点：

1.查找综述书籍

要了解基础知识可以查找综述、专业书籍或学位论文，数量不一定需要太多，论述全面、高质量即可，也可以请专业人士推荐。

2.查找研究现状

查找研究现状通常需要较高的查全率，同时需要对所查到的信息进行分类整理，以得到全面和完整的信息。

3.查找关键技术

有时查准比查全重要，因此并不需要进行大量的文献调研，只需要找到相关的几篇重要文献，了解研究重点在哪里即可。

4.查找相似研究

查找相似研究时查准率最重要，如要查找是否有非常接近的文章及技术，并且进行定题跟踪。

5.查找研究方向

查找研究方向的关键是利用综述查找研究方向。好的综述常有对历史、现状和发展趋势的概括总结。此外，比较全面的文献、分析不同时期研究重点的文献、部分文献的前言，也会有阐述发展方向的内容。另外，也可以向行业的资深人士请教。

（二）文献调研的原则

文献调研的原则内容包括新颖性、完整性、经济性、多样性、连续性等。这几种原则，都是为了保障查全率和查准率，这是文献调研的关键。

1.新颖性

文献调研要选择更新速度快、内容新颖的调研信息源，以及利用先进的信息技术获取信息。

2.完整性

文献调研要选择来源广、文献来源级别高的数据库和检索工具；制定科学合理的检索策略，提高查全率。

3.经济性

经济性包括尽量节约成本，就近检索，优先使用数字资源和网络资源，优先使用免费资源。

4.连续性

文献调研的连续性原则体现在科研进展速度和信息更新速度相当快，因此文献调研不应当是一次性活动，而应该是一种连续性活动。研究者在调研过程中应关注世界科技的发展变化，关注周围的信息源变化，经常进行信息调研，不断更新信息储备。

5.多样性

文献调研的多样性原则包括利用检索工具与检索系统，参加学术会议，听取科技报告，进行个人交流，参加网上讨论等。

第二节 科学研究选题

科学研究选题是科学研究的基础，也是科学论文写作的关键。

一、选题的技巧

选题的成功是完成研究的前提。没有好的选题，就不能进行成功的研究。成功的研究一定是建立在成功的选题之上的。

（一）选题要有目标取向

成功的选题应该揭示研究的目标取向，也就是要使研究达到什么样的目标。研究的目标取向所反映的是研究是否有价值。因此，研究者从确定选题开始就可以知道该问题研究的状况和可能发展的趋势。如果选题没有揭示研究的目标取向，而只是陈述了一个事实，那么就意味着该研究不值得研究，或者说前人已经做了比较详尽的研究，因此没有深入研究的必要。

（二）选题要有具体范围

成功的选题范围应该是具体，不是大而全的。也就是说，选题不能过大，过大的选题会使研究无法深入。并且选题过大，查阅文献花费的时间太多，而且归纳整理困难，容易导致大题小做或者文不对题。

但是，选题太小也不容易写好。题目太小，研究者就会过于关注琐碎的细节，从而使研究失去了价值和品位。特别是有的细节并不具有代表性，也不能真正反映事物发展的趋势。但由于研究的范围太小，无法从细节中发现事物发展的基本规律。

（三）选题要敢于质疑

要对一个学术问题产生疑问，就是说要有争鸣性。学术研究是无止境的，真理更是无止境的。很多学术观点在当时是对的，但随着时间和条件发生变化，其结论的准确性也发生了变化。因此，选题一定要敢于质疑，但质疑必须要有理有据，而不是随便怀疑。在有理有据的基础上敢于质疑，这样的选题一定是有价值的。

（四）选题要有可发展性

选题的可发展性对高水平论文的持续产出具有极大作用。研究具有开创性，突破一点后就可以向纵深发展，使研究工作自成系列、成面成片。新兴研究领域有许多尚待研究之处；反之，如果问题已处于某研究分支的末端，即使在该点上有所突破，也很难深入发展。

（五）选题要有可行性

结合所学知识，选自己有能力胜任的或有研究基础的课题，否则难以写出水平较高的论文。如果研究者对某方面不熟悉，就不要贸然去研究。另外，研究者也要根据自身所具备的研究条件和所能获得的文献资料的"质"和"量"的情况来选题，应当尽可能选自己相对较熟的、有资源可供研究的题目。

（六）选题要有新颖性

重视有关领域学术动态，才能选得合适的课题。要能反映出新的学科矛盾的焦点、新成果、新动向。如果想在国际期刊发表文章，就必须了解国际研究动态，选择与国际学术研究相符的课题。

总之，选题是很讲究技巧的。选题实际上是研究者知识积累后的第一次思想井喷，没有积累就无法进行选题。好的选题可以使研究事半功倍，好的选题是论文成功的前提。

二、选题的三个原则

（一）"小"

选题要小。古人云："先传后倦，君子教人有序。先传以小者近者，而后教以远者大者，非是先传以近小，而后不教以远大也。"教学是这样，写作也是这样。以小见大，循序渐进，可谓学术通义。

学生论文写作的通病是选题太大，这反映的问题是学生的学识不足。因此，学生选题，主要是防止题目过大。选题的大小，一方面要看研究者现在的驾驭能力，如果无法驾驭就是选题过大。只要觉得问题暂时还驾驭不了，就需要对选题进行缩小。事实上，当一个问题缩得足够小以后，论述、写作都会很轻松。如果一开始就是大题目，没有能力驾驭，则怎么写都难受。另一方面，也要看学界现有的研究状况。再小的问题都可以看到自己从事研究的这个学科领域的发展趋势，洞察到社会的发展方向，把握住国家、时代乃至整个人类的核心问题。

（二）"清"

对于所写的题目，学生自己要确实想清楚，或者至少知道，自己确实能够研究清楚，这就是叶圣陶先生讲的"某个题目值得写是一回事，那个题目我能不能写又是一回事"。

要对这个问题有相对清楚的了解，就是不要写自己完全不懂或者很难弄懂的问题，最好是写一直感兴趣或者深有体会的问题。如果你对这个问题有兴趣，一直有所追踪、有所积累和思考，问题的来龙去脉都有所了解，那么做起研究来就可以驾轻就熟，得心应手。反过来说，如果刚接触，一时兴起，就要小心，想想自己到底对这个问题了解多少。很多同学，在选择研究题目时，根本没有了解，甚至完全不清楚，一上手才知道问题做不下去，对论文写作造成困难。

要"想清楚再写"，就要在选题阶段多投入一点时间，选题阶段花费的时间越多，思考越充分，后面就越少走弯路，越快做出成果；反过来，如果对一个题目还没有概念，就先不要下笔。在选题的过程中，首先要能够静下心来，多查资料、多看些书，选题之前，要先做文献检索，尽量搜集和查阅已有的研究。学好文献检索，特别是电子资源检索，应该是选题之前的必备功课。一个学生，在对自己的研究和以往成果的关系有了初步把握之后，再去找指导教师，征求他们的选题意见，不要在自己什么都没有了解的时候，就指望指导教师给出一个题目。实际上，由于指导教师不可能在所有问题上都有过深入研究，所以没有学生自己在选题前的信息检索和研究准备，指导教师也很难给出有针对性的意见。

论文、著作都是前人已经积累的成就，可以作为学习的对象，但是不能作为写作的全部。何况，如果借助的都是前人的成果，没有自己的心得体会，也就不可能超越前人，做出自己的贡献。要写作一个题目，与其死读书，不如先下些功夫，对自己的研究对象做一些初步的调查研究。有了实践经验，再边思考边读书，对问题有了比较清楚的认识后，题目也就可以定下来了。

（三）"新"

选题要有新意。对于一个新手来说，尽量避免前人已经研究过好几十年的题目。这一个初学者论文选题的基本原则。

学习要学习旧的，研究要研究新的。现代社会发展迅速，有许多新问题可以研究，有许多问题现在研究得仍不够，还有许多问题有了新的变化，可以选择自己可以驾驭的问题来开展研究。例如，在法学方面，针对某个诉由，可借助"北大法宝"这类数据库，能够将多年来的案例都检索出来，如果给予细致的分析，就能够发现很多有意思的问题。

"新"，既可以是新材料、新问题，也可以是新方法、新视角。其中，提出新问题最难，运用新方法和新视角次之，而新材料是绝大多数同学都能够也应该做到的。例如，一个学生发现，将民事行为能力制度与学前教育的普及相联系的研究并不多见，以此为主题检索，中国知网也没有相关的论文。该学生希望通过研究表明调整划分民事行为能力等级的必要性。有了这个问题，接下来的论证事实上就只是一个技术问题，可以检索法规、综述文献、查找国外立法例、通过运用社会统计数据库调取学龄前儿童数量及学前教育的相关数据、引入认知心理学的研究成果等。

其次是提出新观点，也就是给老问题以新的回答；或者是引入新方法，给老问题乃至旧结论以新的论证。例如，以往对美国联邦上诉法院既定性原则的研究，都是基于二手文献。一个学生直接从一手文献出发，通过纽约州政府统计数据库以及美国联邦统计局数据库，做出了很好的研究。为了获取第二联邦巡回上诉法院和纽约州法院的受案审判情况统计数据，这位同学还检索了美国司法部以及纽约州各级法院的统计数据库。这些新材料无疑为其论文增色不少。

总之，初学者论文写作常见的问题就是"过大、过生、过旧"，根源都在于没有做好前期的选题工作，涵盖的范围太大，不了解已有的研究成果，缺乏新颖的材料和视角。依照"小、清、新"这三个选题原则，可以先"题中选新"，从众多题目中最"新"的问题开始；其次"新中选清"，研究新颖领域中自己更为熟悉、清楚的问题；最后是"清中选小"，选择足以驾驭的问题，做到以小见大、见微知著。

三、选题的来源

（一）从现实中选题

在现实生活中，有许多值得加以探讨的问题。作为学生，可以根据专业学习、课程学习、科研训练的要求选题；可以针对自己的兴趣选题，可以接受教师的建议来选题，可以是为了解决生活、学习中遇到的值得重新考虑的问题，或者是学习时、听讲座时受到某种启发或发现一些值得研究并通过研究来解决这些问题。

（二）从文献中选题

选题的问题意识源于对文献的阅读和分析，问题意识不是凭空产生的，而是基于既有的研究而发现问题。文献是写好论文的材料，也是研究的基础，它反映的是研究者的专业基础和专业能力。没有文献，就相当于造房子没有砖块；同时，没有文献也像在空中造房子，没有基础。文献是学术传承和学术伦理的载体。尊重文献就是尊重前人的研究，也体现了学术发展的脉络。因此，文献在撰写论文中至关重要，要通过搜索、阅读文献，敏锐地发现问题、提出选题。

（三）通过检索选题

通过检索并分析数据库的检索结果，可以了解学术研究动态、科技动态及有关资料，选择较新颖的课题。

（四）运用工具选题

利用数据库提供的选题工具来选题。例如，ISI 中的检索和利用（Essential Science Indicators）功能可以对正在开展的工作进行量化分析，以保证用户科学研究同科学发展趋向一致；ISI Highly Cited.com 介绍有关学者的研究情况、有关领域的研究热点和发展趋向。

四、题目的表达

在选题之后，还有一个重要的问题，就是题目的表达，即如何把这个内容表达出来。题目表达有以下几个注意事项。

（一）题目不宜太长

题目太长，表明作者缺乏概括能力和抽象能力。题目要求精练、简洁，要力求达到多一个字太长、少一个字太短。

（二）核心概念不宜过多

核心概念不宜多，最多两个，最好一个。核心概念超过两个，论文主题便不明确，而且概念太多，其实质性的内容容易被冲淡。

（三）题目表达要精准

题目表达要精准，如果引起歧义，或者模糊不清，那么论文在写作时就很可能出现跑题、偏题现象。

第三节 科技查新与学术写作

在科学研究中，为了避免研究者研究课题重复立项，以及客观正确地辨别科技成果的新颖性、先进性，教育部和科技部设立了查新机构。它可以为科研立项以及科技成果的鉴定、评估、验收、转化、奖励等提供客观依据，保证相关工作的科学性和可靠性，也能为科技人员进行研究开发提供可靠而丰富的信息。

一、科技查新

根据中华人民共和国国家标准《科技查新技术规范》（GB/T32003P—2015）的定义，查新是以反映查新项目主题内容的查新点为依据，以获取密切相关文献为检索目标，运用综合分析和对比的方法，对科研项目的新颖性做出文献评价的情报咨询服务。科技查新主要包括以下几项内容：

（一）查新项目

查新项目，即查新委托人提出的要求查证新颖性的科学技术项目。

（二）查新目的

查新目的，即科技查新报告的具体用途，如用于立项、成果、产品、标准、专利等相关事务。

（三）查新技术内容

查新项目的主要技术内容，即科学技术要点，包括所属科学技术领域、研究目的、技术方案和技术效果。

（四）查新点

查新点，即需要查证的查新项目的科学技术要点，能够体现查新项目新颖性和技术进步的技术特征点。每个查新点应清楚、准确，突出一个技术主题或技术特征。

（五）查新新颖性

查新新颖性是指在查新委托日以前该查新项目的科学技术内容全部没有在国内外出版物上公开发表过。

（六）查新结论

查新结论是指针对查新点将查新项目与文献检索结果进行对比分析，并由此得出查新项目是否具有新颖性的判定结果。

二、学术写作

（一）文献综述

1.文献综述的定义

文献综述是对某一学科、专业或专题的大量文献进行整理筛选、分析研究和综合提炼而成的一种学术论文，是高度浓缩的文献。它反映当前某一领域中某分支学科或重要专题的历史现状、最新进展、学术见解和建议，能比较全面地反映相关领域或专题的历史背景、前人工作、争论焦点、研究现状和发展前景等内容。"综"是要对文献资料进行综合分析、归纳整理，使材料更精练明确、更有逻辑层次；"述"就是要对综合整理后的文献进行比较专门的、全面的、深入的、系统的评述。

2.文献综述的类型

历史、成就、展望是文献综述不可缺少的三个组成要素。其中，某个要素在综述文章中所占的比重大小和突出程度，决定着综述的性质。综述的写作，实际上都是回顾性的，其具有四个特点：写作方法是概括地回顾过去事实；写作人称是第三人称的陈述；写作态度上是客观的，不以个人的好恶分析和推论；文章范围是十分限定的，专题性极强，不能混杂。根据涉及内容的范围不同，综述可分为综合性综述和专题性综述两种类型。综合性综述以一个学科或专业为对象，专题性综述则以一个论题为对象。文献综述可以分为以下四种类型。

（1）动态性综述

动态性综述就一个专题，按年代和学科本身的发展历史阶段，由远及近地综合分析反映这方面研究工作的进展。其内容安排的特点是：时间顺序严格，注重介绍历史阶段性的成就，关键是学科发展阶段要判断准确，重点选择每个阶段有代表性的文献，其他文献则可多可少。

（2）成就性综述

成就性综述专门介绍某一方面或某一项目的新成就、新技术、新进展。这种文献综述可不考虑或避开叙述有关的历史和现状，而是直接跨到所需的时间上来。此类综述较有实际价值，对实际研究工作有指导意义。

（3）学术观点争鸣性综述

学术观点争鸣性综述系统地总结出几种学术观点，由作者加以分类、归纳和总结，按不同的观点安排材料，分别叙述。这样的综述，文献的时间顺序和具体成果不是主要的要求。在这类学术观点争鸣性文献综述中，原文的引用更为严格，而且"综"与"述"都要用原文的事实和观点，作者的概括、分析则极少。

（4）综合性综述

综合性综述是作者概括多方面的事实、现象，对某一个问题的文献资料进行综合的叙述。综合性综述完全不考虑文献时间顺序，只按文献内容本身的特点加以分段安排，多见于首次介绍的问题。

3.文献综述的作用

撰写文献综述是积累、理解和传播资料、培养组织材料能力、提高科学思维能力的好办法。它是做好科研工作的必经之路，有助于完成科研工作的各个环节。

文献综述浓缩了几十甚至上百篇同类文献的研究成果与存在的问题或争论的焦点，通过对其进行归纳整理，达到条理化和系统化的程度。它不仅为科研工作者完成科研工作的前期劳动节省了用于查阅分析文献的大量宝贵时间，而且有助于科研人员借鉴他人成果、把握主攻方向以及为领导者进行科学决策提供依据。

文献综述为研究者的科研选题提供理论上的依据、提供选题线索，以及扩大选题来源。这是因为文献综述的过程可以帮助研究者改变科研题目的组成，确定新的选题；发现前人工作中的空白、欠缺和不足，引用科学资料，形成新的课题。通过文献综述，作者可以认真分析、思考自己研究题目中的理论，对论题进行深入的理解和分析，为选题打下较坚实的理论基础。此外，文献综述在实验手段和指标选择上均可提供参考和借鉴。写好一篇文献综述，研究者会在学术思想上有所启发，对科学实验方法有所借鉴，对自己从事的研究课题的水平有所衡量，对要取得的结果有所预见。

4.文献综述的格式

文献综述的格式与一般学术论文的格式有所不同。这是因为研究性的论文注重研究的方法和结果，而文献综述要求向读者介绍与主题有关的详细资料、动态、进展、展望以及评述。除综述题目外，其内容一般包含四部分，即前言、正文、总结和参考文献。撰写文献综述时可按这四部分拟写提纲，再根据提纲进行撰写。

（1）前言部分

前言部分主要说明写作的目的，介绍有关的概念、定义以及综述的范围，简明扼要地说明有关主题的现状或争论的焦点，使读者对全文要叙述的问题有一个初步认识。前言部分还要提出问题，点出主题并指出意义，加上大致的学术背景。前言部分内容极少，以 100~ 200 字为宜。

（2）正文部分

正文部分是综述的主体，其写法多样，没有固定的格式，既可按年代顺序综述，也可按不同的问题进行综述，还可按不同的观点进行比较综述。不管用哪一种格式，都要将搜集到的文献资料归纳、整理及分析比较，阐明有关主题的历史背景、现状和发展方向以及对这些问题的评述。

正文部分应说明主题所提出的问题，根据文章的性质，可再分段落或加小标题，每个段落或小标题下面都是从不同侧面、不同层次解释题目的中心内容，而且段落之间各有分工并保持内在联系。正文部分的每一段落开始，应是综合提炼出来的观点，即论点；接着是文献所提出的实验结果和调查事实，即论据。可见，正文部分是按论点和论据组织材料的。如果作者所要归纳的观点与前人文献所述一致，可把前人论点引证出来，作为开头；如果前人的观点分散或不明确，则需作者整理、概括出来，作为开头。总之，综述正文部分以综述概括的论点开头引路，继之以相关的资料、实验结果为论据展开层次论证。所以，综述也是一篇论证文章的体裁，只是论点和论据均由前人文献提供。

（3）总结部分

总结部分可有可无，当文章较长、涉及内容较多时，总结可回应主题。结尾的内容可以概括、明确文章的结论，交代本专题尚待解决的问题及对前景的展望。有的综述可自然结束，不需要结尾部分，只在正文部分用几句话收尾。

（4）参考文献

参考文献是文献综述必不可少的附属部分，虽然放在文末，但却是文献综述的重要组成部分。它不仅表示对被引用文献作者的尊重及引用文献的依据，而且也为评审者的审查提供线索。参考文献的编排应格式规范、条目清楚、查找方便、内容准确无误。

5.文献综述的写作技巧

了解了文献综述的组成因素、格式特点后，要写综述并不困难，关键是掌握文献资料，运用写作技巧。

（1）定好综述标题

标题要画龙点睛，概括全文的中心问题，并反映说明问题的程度与角度。标题包括文章主要涉及的对象和对这个对象的说明语言，包括研究、进展、关系、简介等，例如《益生菌的保健作用与研究综述》《富营养化水体中微囊藻毒素（MCs）去除技术研究进展》。

（2）精确提炼观点

收集的文献资料有许多是分散的，是从不同侧面阐明问题的。作者要把它们归纳概括起来，按综述文章格式的层次归类，将同类性质的问题归到一起，标注重要资料，如字句和段落，作为综述文章待用的内容。其中，有的是原文的语言，有的是作者理解后的记录。在资料已分组、内容已经充实的基础上，可对各组资料提炼出概括的观点。这种观点如有原文则用原文，如无原文则用原作者的语言。归纳的这些观点问题在综述正文部分中，则成为牵头引线的语言，即所谓"问题开头，观点引路"。

（3）运用好连接性语言

综述主要使用既往文献资料，越接近原文越好。因此，综述文章中作者要加的则多半是承上启下的语言，通过概括、综合把文献资料的观点、事实等融为一体，变成简明、和谐、流畅的一篇论文。

（4）安排必要的铺垫性资料

有的综述内容较深，一般读者不易理解，因此需要在文献综述开头介绍一些基础资料，作为读者进入这个知识领域的铺垫。这些资料可在文章之前，也可在中间的一个过渡段中。这部分内容不是某篇文献中记述的，而是作者归纳整理后写的。这部分内容不宜过多，只限于需要的部分。

（5）尽量引用一次文献

写综述时尽量多引用原始文献，即一次文献。文献综述的主要资料来源是公开发表的单篇文献，其次是综述、文摘、简报，再次是教科书、专著、专题等。如果一篇综述大部分资料来自二次文献，则其观点和事实不足以令人信服。在文献综述中，教科书和专著为有关问题提供了基本知识和基础材料，尽管这些材料大部分不能写进综述中，但其起到打基础的作用，因此对其加以利用十分重要。

（二）科技论文的撰写

科技论文写作是人类从事科学技术信息书面存储的社会实践活动的全过程。世界著名物理学家和化学家迈克尔·法拉第 （Michael Faraday）指出："科学研究有三个阶段，首先是开拓，其次是完成，最后是发表。"科技论文是创新性科学技术研究工作成果的科学论述，是理论性、实验性或观测性新知识的科学记录。按照科学界的规定，任何一项科研成果的确立（尤其是基础理论研究成果），都必须以在公开学术刊物发表为依据。专业学术期刊是进行科技信息交流的理想工具。研究者将研究成果撰写成论文，投往专业学术期刊，就是把科技成果公之于众，确定科技成果的优先权。科技论文写作能力是创新型人才的必备能力之一。

1.科技论文的概念

科技论文是报道自然科学研究和技术开发创新性工作成果的论说文章，是阐述原始研究结果并公开发表的书面报告。科技论文是以科技新成果为对象，采用科技语言、科学逻辑思维方式，并按照一定的写作格式撰写，经过正规严格的审查后公开发表的论文。写科技论文的目的是报告自己的研究成果，说明自己对某一问题的观点和看法，接受同行的评议和审查，在讨论和争论中得出正确的结论。理解科技论文的定义，有利于科技论文的写作和发表。

2.科技论文的分类

科技论文有很多种不同的分类法。下面从两个不同的角度对科技论文进行分类，并说明各类论文的概念及写作要求。

（1）按其发挥的作用分类

科技论文按其发挥的作用可分为学术性论文、技术性论文和学位论文三类。

学术性论文指研究人员提供给学术性期刊发表或向学术会议提交的论文，它以报道学术研究成果为主要内容。学术性论文反映了该学科领域最新的、最前沿的科学水平和发展动向，对科学技术事业的发展起着重要的推动作用。这类论文应具有新的观点、新的分析方法和新的数据或结论，并具有科学性。

技术性论文指工程技术人员为报道工程技术研究成果而提交的论文，这种研究成果主要是应用已有的理论来解决设计、技术、工艺、设备、材料等具体技术问题而取得的。技术性论文对技术进步和提高生产力起着推动作用。这类论文应具备技术的先进性、实用性和科学性。

学位论文指学位申请者提交的论文。这类论文根据申请的学位不同又分为学士学位论文、硕士学位论文和博士学位论文。

（2）按其研究的方式和论述的内容分类

科技论文按其研究的方式和论述的内容可分为六类。

①实（试）验研究报告

这类论文不同于一般的实（试）验报告，其写作重点放在"研究"上。它追求的是可靠的理论依据，先进的实（试）验设计方案，先进、适用的测试手段，合理、准确的数据处理及科学、严密的分析与论证。

②理论推导

这类论文主要是对提出的新的假说进行数学推导和逻辑推理，从而得到新的理论，包括定理、定律和法则。其写作要求是数学推导要科学、准确，逻辑推理要严密，并准确地使用定义和概念，力求得到无懈可击的结论。

③理论分析

这类论文主要是对新的设想、原理、模型、机构、材料、工艺、样品等进行理论分析，对过去的理论分析加以完善、补充或修正。其论证分析要严谨，数学运算要正确，资料数据要可靠，结论除要准确外，一般还须经实验验证。

④设计计算

设计计算一般是指为解决某些工程问题、技术问题和管理问题而进行的计算机程序设计；某些系统、工程方案、机构、产品的计算机辅助设计和优化设计，以及某些过程的计算机模拟；某些产品（包括整机、部件或零件）或物质（材料、原料等）的设计或调制、配制等。对这类论文总的要求是相对要"新"，数学模型的建立和参数的选择要合理，编制的程序要能正常运行，计算结果要合理、准确，设计的产品或调制、配制的物质要经试验证实或经生产、使用考核。

⑤专题论述

这类论文是指对某些事业（产业）、某一领域、某一学科、某项工作发表议论（包括立论和驳论），通过分析论证，对它们的发展战略决策、发展方向和道路以及方针政策等提出新的、独到的见解。

⑥综合论述

这类论文是在作者博览群书的基础上，综合介绍、分析、评述该学科（专业）领域里国内外的研究新成果、发展新趋势，并表明作者自己的观点，做出发展的科学预测，提出比较中肯的建设性意见和建议。一篇好的综合论述，对学科发展的探讨，产品、设计、工艺材料改进的研究；科学技术研究的选题、学位论文的选题和青年科技人员，以及教师进修方向的选择等方面具有很大的指导作用。对这类论文的基本要求是资料要新而全，作者立足点要高、眼光要远，问题综合恰当、分析准确，意见和建议比较中肯。

3.科技论文的格式

（1）题名

科技论文的题名（Title）又叫"题目""标题""文题"或"论题"，有的题名还包括副标题或引题。一篇论文一般还有若干段落标题，也称为层次标题或小标题。

题名是一种标记，题名不是句子，它比句子更简洁。题名是以最恰当、最简明的词语反映报告、论文中最重要的特定内容的逻辑组合。题名所用的每一个词语必须考虑到有助于选定关键词和编制题录、索引等二次文献可以提供检索的特定实用信息，应该避免使用不常用的缩略词、首词字母缩写、字符、代号和公式等。题名一般不宜超过20字。报告、论文用于国外交流时，应有外文（多用英文）题名，外文题名一般不宜超过 10 个实词。

（2）作者署名

作者署名（Signature）一般应列于标题之下。署名的作用：表明作者对成果有优先权，是论文法定主权人，表明作者的责任，是论文的负责者；便于读者联系。著作权属于作者。著作权包括署名权，即表明作者身份，在作品上署名的权利。

（3）作者单位

标明作者单位（Affiliation）主要是便于读者与作者联系，如索取复印件、商榷某一观点、邀请讲学等，同时也为其作品提供负责单位。署名单位应写全称，中文论文还应加上邮政编码。如果论文作者来自不同的单位，则要求用不同的符号或阿拉伯数字标注清楚。

（4）摘要

摘要（Abstract）一般由三部分组成：①研究目的，简要陈述研究目的、研究内容及需要解决的问题；②研究方法，简要介绍研究所采用的实验方法和基本步骤；③研究结果，简要描述实验主要发现、主要结论及其论文的价值。

摘要应放在文章题目、作者姓名及工作单位之下，这样利于读者在阅读文章之前了解该文章的内容，决定是否需要继续阅读。关于英文摘要，目前国内的专业期刊中，有的刊物将摘要放在题目之下、正文之上，有的放在文章的最后，还有的把刊物中所有的摘要放在该刊物最后的文摘页上。从习惯上来看，把英文摘要放在中文摘要之后、正文之前为好。

摘要不应分段，但长篇报告和学位论文的摘要可分段。摘要的字数视需要而定，一般中文稿在 250～300 字左右；英文稿以 1000 印刷符号为宜，原则上不超过全文的 3%。写论文摘要时，作者应尽量将文中的内容和理解这些内容的主要要素写入摘要中。

（5）关键词

关键词（Keyword）是为了文献标引工作，特别是适应计算机自动检索的要求，从论文标题、摘要、结论中提炼抽取出具有实质意义的、表达论文主题内容的语词（单词或组合词）或术语。每篇文章选取 3～8 个词，置于摘要的下方。作者应选用能反映论文内容特征的、通用性强的、为同行所熟知的词。根据联合国教科文组织的规定，全世界公开发表的科技论文，都必须附有英文关键词。因此，为了扩大国际学术交流，发表的论文要用英文给出题名、作者、摘要及关键词，放在中文摘要的后面。

（6）引言

引言（Introduction）又称导言、概述、绪论、前言等，是论文开头部分的一段短文，也是论文主体部分的开端。它向读者交代研究的来龙去脉，引导读者阅读和理解全文。引言的内容包括：说明本研究工作的缘起、背景、目的、意义等；介绍本研究相关领域前人研究的历史、现状、成果评价及其相互关系；陈述本项研究的宗旨，包括研究目的、理论依据、方案设计、要解决的问题等。引言文字要简练，突出重点，不能与论文摘要雷同。

（7）材料与方法

不同学科、不同类型论文的表述方式不同。一般应描述完成研究的时间、地点，选用的实验材料（Materials），说明实验方法（Methods）和过程。如果是采用前人的方法，则只需写出实验方法的名称，注明出处。如果是自己设计的独特新方法，则需详细说明。材料与方法是论文科学性的基础，是提供论文科学性的依据。该项所描述的程度应以别人能再现文中的实验结果为标准。但是，需要指出的是，涉及保密和专利的内容不要写。这是因为科技文章既有理论上（学术上）的馈赠性，又有技术上的经济性（专利性）。因此，要正确处理交流与保密的关系。交流是指学术上的交流，保密是指技术诀窍的保密。对于技术上的关键问题，要含而不露、引而不发。

（8）结果与讨论

实验结果（Results）就是实验过程中所获取的数据和所观察到的现象，它是论文的核心，论文是否具有创新性应从这里体现。结果引发讨论（Discussion），导出推理。研究结果的表达方式不限于文字，通常还可用表格、插图、公式等表示。讨论应从实验和观察的结果出发，从理论上对其分析比较、阐述、推论和预测。比较本研究所得的结果和预期的结果是否一致，应与前人研究的结果进行比较，寻找其相互之间的关系，指出下一步需开展工作的设想和建议；推论中要提出自己的新见解，要着重讨论新发现、新发明和新启示，以及从中得出的结论。这部分内容是论文的重点，是交流赖以产生的基础，也是评价该研究论文学术价值高低最重要的部分。研究简报一般将这部分合在一起写，充实的研究论文将结果与讨论分开写。

（9）致谢

致谢（Acknowledgements）位于正文后、参考文献前。编写致谢时不要直书感谢者其名，应加上"某教授""某博士"等敬称，如"本研究得到XXX教授、XXX博士的帮助，谨致谢意""试验工作是XXX单位完成的，XXX工程师承担了大量试验，对他们谨致谢意"等。

致谢的对象一般是曾经帮助过本项研究而又不符合论文作者署名条件的团体或个人，以示作者对别人的劳动成果的尊重和感激之情。一般包括在本科研工作中给予指导或提出建议的人；对本项研究工作给予经费、物质资助的组织和个人；承担部分实验工作的人员；对论文撰写提供过指导或帮助的人；提供实验材料、仪器设备及给予其他方便的组织与个人；为本项研究承担某项测试任务、绘制插图或给予过技术、信息等帮助的人。

（10）参考文献

参考文献（References）是科技论文中的一个组成部分，当今大部分科研成果是在前人的研究成果或工作基础上发展起来的。论文中的参考文献可以反映论文真实可靠的科学依据；反映作者对前人劳动的肯定和尊重；便于同行了解该研究领域的动态以及采用追溯法查找与此研究方向相关的文献；有助于科技情报人员进行文献情报研究。

4.科技论文的投稿

（1）科技论文投稿的目的

科技论文撰写完成后需要在科技期刊上发表，以供他人阅读。这就面临如何选择投稿目标期刊的问题。选择原则是根据自己论文的水平，在争取发表的同时，获得最大的投稿价值。所谓投稿价值，是指论文发表所产生的影响的总和。最高的投稿价值可概括为：论文能够以最快的速度发表在能发表的最高级刊物上，并能最大限度地为需要的读者所检索到或看到，能在最大的时空内交流传递。

（2）选择投稿的期刊

选择投稿目标期刊总的原则是：在力争尽快发表的前提下，综合考虑各种因素，获得较大的投稿价值。基于论文的水平，向国外投稿应尽量选择 SCI、EI 来源期刊，本学科的国外核心期刊，影响因子高的国外期刊。向国内投稿应尽量选择本学科的国内核心期刊、统计源期刊等。选择投稿目标期刊应结合以下几种情况考虑：

第一，论文水平自我评估、论文及期刊的分类。

投稿前对论文的水平或价值（理论价值与实用价值）做出客观、正确的评估，是一个重要而困难的工作过程。评估的标准是论文的贡献或价值大小以及写作水平的高低。作者可采用仔细阅读、与同行讨论、论文信息量评估等办法。其中信息量包括：真实性、创造性、重要性、学术性、科学性和深难度。评估的重点在于论文是否有新观点、新材料和新方法。

对论文理论价值评估是对作者在构造新的科学理论、利用最新理论研究过程和结果的评估，看其是否在理论研究上开辟了新领域、有突破或创见。具有国际先进理论水平的论文是提出了新学说、新理论、新发现、新规律，对国际前沿科研课题做出重要补充或发展，对发展科学具有普遍意义。具有高或较高理论水平的论文是涉及或采用最新科学理论，有独立的科学推论，有抽象模型以及逼近客体原型，构造有新的术语或概念，运用新的研究方法。一般具有较高理论水平的论文是在前人的基础上提出新看法、增添新内容、找到新论证方法，其观点、方法虽不是创见，但解决了前人未能解决的问题。

论文分类大致包括：理论论文、理论与技术论文、技术论文、综述、评论、简报和快报等。不同类型的论文的投向取决于目标期刊的类型，即理论型（学术型）期刊、技术型期刊等。

第二，期刊报道的范围、读者对象。

不同科技期刊有不同的宗旨、不同的论文收录报道范围，这决定了投稿论文的主题内容范围。科技期刊的收录范围和期刊的类型与级别基本决定了该刊的读者对象，也基本决定了稿件的写作风格与内容的详略程度。

第三，期刊的学术地位、学术影响和期刊等级。

期刊的学术地位和学术影响表现在期刊所收录论文的水平，主编、编辑单位、在专业人员心中的地位等方面。从图书情报界的角度看，期刊的学术地位和学术影响则表现在期刊的影响因子的大小、是否被国内外检索工具收录、是否为学科核心期刊等方面。期刊的学术地位和学术影响与所称的期刊"级别"有密切关系，但不能一味地只将影响因子的高低作为刊物水平的高低，影响因子的高低只是影响的大小，并不一定代表本专业的最平，越是专业性强的论文，越应当发表在本专业的范围内。

第四，出版周期。

出版周期是指某刊的出版频率，一般分为年刊、半年刊、季刊、双月刊、月刊、半月刊、旬刊、周刊和不定期刊。不定期刊、年刊和半年刊建议不投稿或少投稿。

第五，出版论文容量。

期刊的论文容量是指某刊一年或一期能发表多少篇论文。例如，某种半月刊每期容量为20篇，则年容量为480篇。一般来说，应尽量选择出版周期短、容量大的期刊投稿。

第六，对作者是否有资格要求。

有的科技期刊对作者有资格要求。例如，要求作者具有某国国籍、属某地区、某研究机构、某协会会员等资格。作者应从"作者须知"等处了解期刊对作者资格的要求，不具有期刊论文作者资格要求的作者不要向其投稿，除非论文合作者有资格。

第七，语言文种。

从科技文献交流体系来看，汉语的使用范围、中文刊的发行范围以及中文论文被世界性检索工具的收录比例等因素制约了中文论文影响力的发挥，而且中国科技人员人均占有刊比例小，发稿较为困难。英语是一种科技交流的世界性语言，在国际影响大的英文刊物上发表自己的论文，能提高论文作者及其单位的学术地位，因此向国外投稿受到中国科技界的重视。

第八，版费。

向国内外一些学术刊物投稿被接受后，杂志社将向文稿作者征收出版费，这些费用被称为版费或出版费。其原因是有的杂志社把版费作为科研费用的必要组成部分，视版费为作者所在单位对传播其研究成果的费用和对出版社的资助。不同国家、不同刊物，版费的收费标准不同。

第九，当前组稿倾向与论文时效性。

期刊有年度出版计划、主题选择、专题出版和在一段时间倾向某种内容的情况。要掌握目标期刊的这些情况，可向杂志社索取年度计划，或查阅该期刊的近期目录和内容。对具有倾向性和时效性较差的论文应尽量不投，转而投向出版周期短的半月刊、月刊和快报。

第十，刊物内容范围。

通过浏览目标期刊近期已发论文的目录和内容等获得目标期刊的动态和变化情况，也可通过期刊的征稿启事和作者须知等进行了解。

第八章 信息素养教育与创新教育

第一节 当前高校学生创新素养存在的不足

创新是国家的希望、民族的未来。建设创新型国家，关键在于拥有一大批具有创新素养的青年。这就要求人们了解高校学生创新素养的现状，明晰高校学生创新素养培养过程中存在的问题，不断探究高校学生创新素养的培养路径。

现阶段，有的高校学生创新能力不足，缺乏创造性解决问题的能力，一方面对长期积累的大量基础知识缺乏应用能力，难以明确社会发展的方向，很难把握新事物和发现新问题；另一方面，部分高校学生探究意识匮乏，不懂得深入思考，很难开启处理问题的新思路，找到行之有效的解决办法，做到理论与实践相结合。当前高校学生创新素养存在以下几点不足：

一、创新意识薄弱

随着我国综合国力不断增强，教育水平和教育质量明显提升，高等教育入学率不断提高，学生的综合素养越来越高，因此国民教育素质不断提高。在传统教育模式下，大部分学生记忆力较强，基础知识扎实，学习习惯良好，知识掌握得全面系统，具备较好的逻辑思维能力和综合分析能力。同时人们也应该看到，当前高校学生习惯被动地接受知识，掌握的知识多停留在表层，没有很深刻的理解，缺乏努力追求和探索的能力。互联网时代，碎片化的知识获取形态使知识的获得具有"短平快"的特点，极大影响了高校学生静心研究的学习意识，部分高校学生缺乏踏实静心、深入思考的心态。此外，有些高校学生经历了"千军万马过独木桥"的高考。在以高考为导向的培育体系影响下，学生在升入大学后，缺乏高校生涯规划和未来职业规划，对自我的要求明显放松，自身求知欲望明显降低，知识探索的心态匮乏，缺乏创新意识。

二、创新的心理准备不足

大学阶段是学校与社会的过渡阶段。在这个阶段，学生不仅要掌握知识和能力，还要丰富自己的情感。高校学生有责任、有担当，他们关心国家大事、关注国际局势和未来中国的发展。他们生活在经济发展迅速的时代，接受的新事物丰富多样，愿意表达自我、乐于展示自我，自身的感情趋于理性。但是，由于长期生活在父母、教师的庇护下，部分高校学生存在以自我为中心的现象，思考问题常常从自身出发，从而忽视了他人，难以听取他人意见。过于敏感的神经也会让他们有时会出现畏惧失败、患得患失的心理，不能勇于冒险，只是习惯性地用书本上的经验作为自己的行动纲领，处理问题时会出现从众行为。这与创新所要求的不畏艰险的心理是相违背的，严重阻碍了高校学生创新素养的养成和发展。

三、创新意志不坚定

创新需要有问题意识，有发现问题、探究问题的能力。创新不是一帆风顺的，创新意味着要打破常规，要有突破常理的问题导向意识，在创新过程中也需要有面对问题的勇气。这些问题可能来自固化的思维模式，可能来自自身的认知条件，也可能来自高校学生自己不坚定的意志。高校学生创新素养的培养需要坚强的意志，需要坚持不懈的努力、百折不挠的精神和克服各种困难的毅力。通过创新实现人生目标是很多学生的梦想，但是在创新的过程中，会面对各种风险。有的高校学生在刚有挫折发生时就选择放弃，创新意志不够坚定；有的高校学生将自己的梦想止步于"梦想"，好高骛远，不敢实践，往往是还没有将创新意识进行实践就半途而废。

四、创新环境不佳

近年来，为了促进学生创新创业，从中央到地方相继出台了诸多鼓励高校学生创新的政策，搭建了许多创新项目扶持平台，给予了相应的支持与帮助。但是，部分创新扶持政策在执行的过程中存在一些问题，上传下达时会出现一些不够顺畅的现象。高校作为培养创新人才的重要基地，近年来一直致力于推动学生的创新实践活动。许多高校把创新列入自身的建设特色，着力培养创新人才，创新的氛围日渐浓厚，创新的意识也有非常大的进步。同时也应该看到，有的高校开设的创新课程没有真正转变教学思路，仍然以传统教学方法为主，学生对创新课程的认知并不透彻。创新创业教师队伍的师资力量、知识储备、思维模式依然存在着一些与鼓励高校学生创新不相适应的问题。创新课堂上，学生对课堂教学缺少参与和互动的热情，还停留在被动接受知识的传统模式上；在学科竞赛、创新创业类比赛和活动上的参与度不高，有些甚至单纯地以获取学分或者能够拿到证书为目的，创新素养的培养没有落到实处。这些都不利于学生创新素养的培养。

第二节 培养高校学生创新能力、创新意识与创新思维

一、培养高校学生创新能力的必要性

高校学生的创新能力的培养是以高校学生的新使命为导向的。高校学生要矢志不渝进行创新创造活动，服务社会，谋求国家富强、民族复兴。这既是培养新青年的出发点，也是培养高校学生创新素养的出发点。这就要求全社会明确以民族复兴为任务的创新素养培养目标。

目前，我国各项事业都取得了长远的发展，人民生活发生了翻天覆地的变化。同时，也应当看到，随着互联网技术和科学技术的迅猛发展，我国意识形态方面的斗争更加隐蔽复杂，社会泛娱乐化与"后真相"现象愈演愈烈，这些都成为高校学生不得不面对的现实问题。

意识形态工作关乎旗帜、关乎道路、关乎国家政治安全，是党的一项极其重要的工作。在创新素养的培养过程中，高校一刻也不能放松和削弱意识形态的工作。高校学生要牢牢把握政治立场，不为外部反华势力所侵蚀。这就需要高校学生认真学习马克思主义基本理论，深入学习新理念、新战略，做到心中有信仰，具有坚定的政治立场、牢固的政治定力。新一代青年既是中国梦的追梦人，是实现"两个一百年"目标的圆梦人，又是实现中华民族伟大复兴的中坚力量。"空谈误国，实干兴邦"，高校学生要立民族复兴大志，与国家同向同行，与自身条件相结合，立足本职、勤于学习、埋头苦干，积极投身于我国改革开放和社会主义现代化建设的伟大实践中，增长本领、汲取智慧、获得力量，在拼搏奋斗的过程中实现自我价值。

二、培养高校学生创新能力的时代背景

创新是世界的大势，是国家发展的要求。在我国经济发展新常态的背景下，在"互联网+"时代科技潮流下，实施创新驱动战略，建设创新型国家，打造经济发展新引擎已成为我国发展的战略方向。培养具有创新素养的高校学生是把握世界大势、面向未来的关键。进入新阶段，我国经济发展势头良好，前景光明。

我国市场规模巨大，人力资源丰富，基础设施发展完善，产业链配套齐备完整，对外开放继续扩大，外资市场准入进一步放宽，市场化、法治化、国际化营商环境建设不断推进，营商环境更加优化、更具吸引力。随着国际格局加速演变，国际形势中不稳定、不确定因素的持续增加，我国经济发展的外部挑战因素明显增多。

国内转变经济发展方式、优化经济结构、推动高质量发展已经进入关键阶段。中

国经济从高速增长转向高质量发展，因此迫切需要寻找和释放新动能。顺应我国经济新常态是培养高校学生创新素养的应有之义，助力我国经济转型是培养高校学生创新素养的关键。随着科技的进步，互联网与各领域的融合发展展示出了广阔的前景和无限的潜力，对各国经济社会发展产生着战略性和全局性的影响，成为不可阻挡的时代潮流。以互联网、人工智能为代表的新一代信息技术蓬勃发展，对各国经济发展、社会进步、人民生活带来了重大而深远的影响。各国需要加强合作、深化交流，共同把握好数字化、网络化、智能化的发展机遇，积极应对大数据发展在法律、安全、政府治理等方面的挑战。如何把握历史出现的新机遇，推动互联网由消费领域向生产领域拓展，成为当下经济社会发展需要思考的问题。这就需要教育工作者以"互联网+"发展为导向，培育新兴业态，创新公共服务模式，加速提升产业发展水平，培养高校学生创新能力。

三、培养高校学生创新意识的必要性

创新是系统全面的过程，培养创新素养人才，需要培养创新意识、学习创新知识，这样才能把握创新的方法。高校学生要打牢专业基础，扎实提升专业素养，提升创新创造能力，也要扎根于社会，做到理论与实践相结合。意识是行动的先导，培养高校学生的创新素养，需要先培养高校学生的创新意识。因此，高校要使高校学生积极地将所学知识与创新联系起来，形成创新意识，进而促进高校学生创新活动的发生。另外，创新意识的培养需要全社会的配合协作。各地方和各群体要深化对创新的认识，要把国家的创新精神落到实处，营造良好的创新氛围。

高校是向社会输送高等人才的主要基地。作为培养创新素养人才的重要力量，高校在培养创新型人才方面发挥着不可替代的重要作用。面对新阶段、新形态和国家社会发展对创新人才的需求，高校需要转变教育理念，创新育人模式和育人理念，调整专业课程设置，挖掘和充实各类专业课程的创新创业教育资源；在传授专业知识的过程中加强创新创业教育，激发高校学生的知识探索心态和创新意识，构建有利于创新型人才素养提升的培养体系，从而培养具有创新创业素养的创新型人才。专业知识对高校学生创新意识的培养的作用体现在以下两点：第一，掌握专业基础知识。专业知识在高校学生的知识结构中列第一位。任何领域的创新都必须以相应的知识积累为前提，否则创新就失去了出发点和源泉。高校学生是创新领域中的主要力量，他们的许多创业活动，都是建立在专业知识的大量积累以及运用之上的，高校学生不仅要有过硬的专业知识，更要有能够把自己所掌握的理论、知识和先进做法进行推广的能力。培养高校学生创新素质，不仅要对其进行必要的创新创业教育，而且还要注重高校学生的专业知识教育。这既是高校学生的本职任务，也是高校学生对知识进行融会贯通与创新运用的关键。第二，深化创新知识教育。在知识经济时代，知识创新往往成为技术变革的先导，每一个学科领域的知识创新都将引领这一领域的认知发展及技术进步。因此，要培养高校学生的创新素质、形成创新型人格，就要重视高校学生创新知识的培养与积累。一方面，高校要深化创新教育改革，丰富创新课程、探索创新教法，推进教学、科研、实践紧密结合，增强高校学生的创新精神，提高高校学生的创新能力。另一方面，高校要营造创新氛围，把创新意识融入思政教育、专业教育过程。高校要注重高素质创新教师队伍的建设，构建开放、协同、联动的教师发展体系，推动教师终身学习。

四、培养创新思维的必要性和途径

首先，启发高校学生思维。在培养高校学生创新素养的过程中，教师有意识地将知识传授与知识应用、知识创新结合起来，启发高校学生思维，改变高校学生课堂被动接受知识的局面，激活课堂，拓展高校学生思维，从而使知识接受过程变成知识的理解应用与融会贯通的过程，注重培养高校学生批判性和创造性思维，激发和培养高校学生创新意识。其次，倡导内外结合。高校要努力构建创新人才培养平台，形成全社会关心、支持创新创业教育和鼓励高校学生创新创业的良好教育生态环境。一方面，高校作为创新人才素养培养的重要基地，要多派教师和高校学生到实习教学单位锻炼，真实了解企业的战略设计、市场运营、风险规避等，了解企业运营中实际遇到的各种困难与解决途径，在实践中解决日常教学中遇到的各种问题。另一方面，学校可以将创新成功的校友资源、企业资源引入大学校园中，通过他们的创新创业经历来教育高校学生，了解本专业领域的技术进步和知识创新情况，从而启发高校学生创新思维和创新意识、鼓励高校学生走上创新之路。

创新是一项复杂的社会性活动，其所需要的能力也是多方面的，它不仅需要大学时期学习的知识，还需要相应的团队管理能力，如进行目标筹划、筹措资金和吸引投资的能力，市场开拓与市场营销的能力，也需要创业者自身的意志、决心、冒险精神、责任感等。对于高校学生创新素养的培养，既要重视对其知识的传授与知识体系的构建，又要引导其对知识的运用与思考，提高其知识的运用创新能力；同时，在培养高校学生创新创业能力的过程中，高校学生不是被动的，应当具备主动性。创新这项系统性的社会工程需要全社会共同努力与配合。只有这样才能培养高校学生的创新素养，营造出浓厚的创新氛围。青年是国家的希望，是民族的未来。面对世界百年未有之大变局，广大青年要勇担责任、提高本领、增长才干、开拓创新。从中央到地方要制定相应的方针政策，关注青年创新愿望、助力青年发展、支持青年创业，建立健全的融课堂教学、自主学习、结合实践、指导帮扶、文化引领为一体的高校创新创业教育体系，为高校学生成长成才、开拓创新营造良好环境。

第三节 科学研究的要求与创新

一、科学研究对学习者的知识技能要求

科学研究的过程，就是对未知事物进行探究的过程。科学研究，是针对学科内或学科间的空白点及未解决的问题，或重新审视、质疑已有的研究结论，探索利用更先进的研究方法、多重学科视角，提出解决问题方案的信息活动过程。对于学习者的知识技能要求，主要体现在以下方面：

（一）发现和提出问题

学习者要能发现问题，并且提炼出研究问题；能基于信息空白制订研究问题的计划；能重新审视现有的信息或者可能存在矛盾的信息，来制订研究问题的计划。

（二）确立合适的调研范围

学习者解决不同类型、不同要求、不同个案的问题，需要不同特质和性质的信息，在时间、地域、文献类型、学科属性、信息来源等多方面都会有区别，因而需要确立合适的调研范围，或限定调研范围。

（三）分解问题

学习者能够将复杂的问题分解为简单的问题。科学问题的解决，往往涉及多个方面、内容和流程，如果能够将复杂的大问题分解为若干相对简单的小问题、子问题，解决的难度就可以降低，从而提高解决问题的效率。

（四）选择研究方法

确定研究的问题后，下一步的工作就是选择最容易达到研究目的的手段，即通常所说的研究方法。合适的研究方法的选择，往往取决于多个因素，需要根据不同的研究问题类型，选择和使用适宜的研究方法，以及根据不同的需求、环境条件和探究类型，综合使用多种研究方法。研究方法有很多，常用的有文献法、观察法、实验法、调查法、统计法、比较法等。

（五）综合多种渠道获取研究成果

进行科学研究，前人研究是很重要的，因此需要对研究对象可能涉及的文献有一个全面的把握。需要查找国内外的文献信息，以了解研究概况，知道前人或他人已经研究领域、取得了哪些成果，存在哪些不足和需要完善之处。研究者对收集到的信息、研究状况进行评估，及时发现信息的缺口、薄弱环节或者空白，这就可以成为研究方向和内容。

（六）掌握基本的信息组织方法

常用的信息组织方法有：形式特征组织法，根据信息的形式特征，使用一套形式化的符号系统，按照一定的规则组织信息，包括字顺法、号码法、物名法、专用代码法、引证关系法、时序法、地序法、其他特征序化法；内容特征组织法，根据信息的内容特征，使用一套含有语义的符号系统来组织信息，包括分类组织法、主题组织法、元素结构组织法；信息效用组织法，根据信息的实用价值来组织信息，主要有权值组织法、特色组织法和重要性递减法。信息效用组织法能够反映和满足用户的信息需求，它是一种应用性的组织方法，在实际生活中运用极为广泛。每种信息组织方法都有其特有的功用，有些组织方法功能是互补的，如将多种方法结合起来使用会达到更好的效果，如分类主题一体化的组织方法、规范组织方法与自然语言组织法的结合等。

随着互联网广泛而深入的发展，网络信息在社会信息量中的比重日益上升，是一个巨大的信息资源库，具有无序性、不均衡性、非对称性、资源分布的动态性等特点。它在为人们提供丰富的信息资源的同时，也为信息组织工作带来了极大的困难。在实际操作过程中，人们很少简单地运用某一层次的信息组织方法，通常是将不同层次的不同的信息组织法综合起来加以运用，甚至会在它们的基础上加以延伸、改进和创新，使之不断完善和发展。

（七）通过相关分析和演绎得出合理结论

获取信息后，根据课题研究的需要，需要用一定的方法对所收集的大量信息资料进行归纳、分析、判断、推理、计算、综合，形成新的可以利用的信息集合或新的知识。简单地说，仅仅获得文献、知道有哪些文献相关还是不够的，还要懂得在这些文献中哪些是主要的、哪些是次要的，要经过自己的分析、归纳和思考，形成新认识、产生新信息。信息分析方法可分为定性分析方法、定量分析方法以及定性和定量相结合的分析方法。定性分析方法包括综合法、对比法、相关法、因果法等，定量分析方法包括文献分析法、预测分析法、系统分析法等。通常学习者将定性分析方法和定量分析方法结合使用，可以更好地进行信息分析工作，满足决策和预测的需要，得出正确结论。

二、科学研究对学习者的行为方式要求

研究是一个开放的信息探索与深入的过程。每个人都有个人知识或经验的局限，因而保持强烈的求知欲、开放意识和批判意识非常重要。以下几个方面有助于提高个人的信息素养和能力。

（一）拓展和深入探索问题

科学研究是一个螺旋式加深和向上的过程，旧的问题解决，新的问题又出现，针对新出现的问题，继续新的研究过程，不断解决问题。个人的知识或经验具有局限性，正确认知这个特点，保持虚心求知的欲望，具备开放和发展的意识，持有科学的批判精神、质疑的态度，不断拓展和深入探索问题。

（二）敏锐地发现问题

有发现问题的敏感性，不忽略看似简单的问题以及当前认识较模糊的问题，这些简单问题、模糊问题的存在，对研究过程是有益的，这反映了认识上存在一定程度的模糊，需要引以重视和解决。而简单问题的领会和解决，有可能对研究产生重要的作用，科学研究的历史上有无数事实证明了这一观点。

（三）合理合法地获取信息

在收集和使用信息过程中，要遵守信息道德和法律准则。合理合法地获取信息，规范地进行参考文献引用，尊重知识产权，遵守法律法规，这是科学和学术规范的基础。

（四）长久地研究和探索问题

研究和探索的过程，不是一蹴而就的，而是具备长久性、适应性和灵活性等特点。在此过程中，需要用多维的研究视角收集和评估信息，努力学习和应用新的研究方法，如有需要可寻求适当帮助。

三、在传承中进行科学研究创新

传承和创新不可分割，任何创新都是在前人研究的基础上产生的。前人的研究是创新的基石，这也就意味着，学习者对信息的获取与利用，需要具备辩证利用的思维，既有传承，又能创新。

（一）融入新的信息

问题的解决是一个反复的过程。在解决问题的过程中，学习者会利用各种已有知识和信息，解决的问题又可以形成新的知识和信息。在这样的反复过程中，问题不断解决，知识和信息不断增长，新增长的知识和信息又进一步促进新的研究问题发现和解决。知识和信息在不断地传承中，得到创新成果。

（二）分享信息成果需要

信息和知识经整合与重组，形成新的信息成果，需要与同行分享、交流，进入文献传递交流环节，融入学术交流中。这些成果可以是正式发表的，如期刊论文、会议论文、学位论文、专利等，也可以是以非传统形式在网络上发布的，如博客、个人主页、微信、各种社交媒体。无论以何种分享形式，如发表、发布、出版、交流等，都可以促进知识和信息的传播和利用，在被利用的过程中，促进信息的增值。

（三）增强研究影响力

信息成果的获得是发现问题、研究问题、探索问题、解决问题，再发现新的问题、解决新的问题的过程。现代社会是分工合作、相互联通的社会，一个问题的解决有助于其他问题的解决，一种技术的进步可以促进另一种技术的发展，各种技术和各个学科相互依存和促进。因而，将研究成果传播和扩散，增强研究成果的影响力，也是非常必要的。

第四节 面向创新创业的信息素养教育

一、创新创业教育对高校学生信息素养的影响

（一）信息意识的培养

目前，很多高校积极组织学生申报"双创"项目，举办各种形式的创新创业活动。在这样的大环境大背景下，高校学生参与创新创业活动的热情日益高涨，许多同学都跃跃欲试，想通过创新创业训练组织团队实现自己的创新思想。根据相关调查发现，参加高校学生创新创业训练计划的学生主要集中在大二和大三年级。这些学生由于有了一定的专业基础知识，对相关专业知识信息的关心程度和敏感程度相比其他同学要

高很多，参加此类活动可以增强主动获取有用信息的意识。

（二）信息知识的获取

创新创业训练的开展很大程度上激发了学生的创新兴趣，使得学生的求知欲增强，而信息资源的利用又拓宽了其创新视野，活跃了其创新思维。通过对学生利用网络资源目的的调查发现，搜索网络资源用于获取有用的专业知识的比例较交友聊天和沉迷网络游戏的比例有很大提高。同时也有一部分同学初步建立起了和教师一起进行科学研究的兴趣，锻炼了实践动手能力。

（三）信息能力的体现

信息能力的体现主要体现在对新出现的信息知识，学生是否会进行动态跟踪和对不断更新的知识的态度。能够熟练掌握信息资源并进行加工和利用，是体现高校学生信息素养水平的重要方面之一。高校学生将对自己有用的信息进行提取加工并转化成自己的理解，可以提高其思维能力和创新能力，同时也可以提高其未来走上工作岗位的适应能力奠定基础。

二、高校学生信息素养培养模式

创新创业训练的进行需要高校学生以理论结合实践为基础，强调团队协作，不断更新、补充、完善信息的加工处理过程来指导整个训练计划。学生在这个过程中不再是单纯地接收信息，更多的是对新知识的探究，所以信息素养的培养形式不能只是单一的信息资源检索的培训。

一方面，高校应积极组织开展强化高校学生自主学习和创新创业能力的活动，同时向学生提供翻转课堂、MOOC、发明专题讲座等开放学习资源，引导他们尝试自主学习，鼓励他们积极参加丰富多样的社会实践活动以提高其信息素养的综合能力。

另一方面要提高高校学生信息素养水平，教育者还要给予适时、有效的引导教育，指导其努力的方向和帮助其发现创新点，获取有价值的信息。

信息素养是对信息社会适应的能力，高校学生提高信息素养能力可以更好地适应社会的发展，参加创新创业训练能够有效提高高校学生信息素养水平，能够有效促进高校学生创新意识、创新能力的培养，为其以后适应社会奠定基础。

第五节 高校学生信息素养创新教育模式

一、嵌入式信息素养教育

信息素养教育的核心是使学生掌握利用信息资源学习的能力。把信息素养教育渗透到相关专业课程的教学中，将信息素养教学与学生的具体专业相结合，促使教学内容具体化。嵌入式教学可以采取物理嵌入和虚拟嵌入两种形式。物理嵌入可以采取图书馆馆员根据专业课教师的要求，直接参与到学科的教学活动中的方式。例如，学生与专业课教师共同编写教学大纲、设计课程内容，在专业课教师布置作业或学期论文时，由图书馆馆员负责引导学生查找、评价和利用与之相关的各种信息，并指导学生撰写研究报告。虚拟嵌入就是利用无处不在的网络优势，搭建虚拟社区及学习共享空间，为学生推送有关信息素养教育的在线课程，通过微信、QQ等即时聊天工具，随时解答学生的线上咨询。通过开展嵌入式教学，信息素养教师可以与学生开展多种形式的线上、线下交流与互动，信息素养教育显性或隐性贯穿学科教学，使学生在潜移默化中掌握学科专业信息源及检索技巧。利用资源学习要求学生对自己的学习承担更多的责任，专业教师和图书馆信息素养教师的作用是指导和促进学生学习，教师将重点放在对学习过程的设计、支持、完善、评价等方面，最终在全体学习者中培养积极主动、具有创造性的学习氛围。调查显示，高校图书馆开展"嵌入式"教学并非一帆风顺，可能会遇到不少困难和阻碍，开展"嵌入式"教学的图书馆可以尝试与学校教务部门、学院主管领导进行沟通，寻求相关部门及领导的支持，以有合作意向的相关专业教师作为合作对象，实现信息素养培养与专业课程学习的无缝融合。

二、开展信息素养讲座

开展多种形式的专题培训与讲座是高校图书馆普遍采用的一种信息素养教育方式，是对学分课程和嵌入式教学的有效补充。学生可以根据学校图书馆主页及馆内公告栏公布的讲座主题及时间，选择性地参加自己感兴趣的专题，因此其具有较强的自主性及灵活性。图书馆进行专题培训主要以数字资源和网络信息的检索与利用为主，但近几年许多图书馆也在不断拓展培训与讲座的主题范围，以满足读者不断变化的需求，如沈阳师范大学图书馆开设有论文写作指导专题系列讲座（主要内容是论文写作与投稿指南、开题立项前的文献调研、文献管理软件使用等）、新空间新功能推广专场（3D打印机使用、苹果一体机使用、多媒体制作）、创新创业专场（知识产权法大揭秘、专利检索助力创新、营销知识守护创业、项目申请书一点通）。专题培训讲座结束后，图书馆应及时将培训内容的课件或音视频发布在图书馆的网页上。培训主题的扩展与延伸是高校图书馆从读者需求出发，使专题培训更加全方位、立体化的一种方式，是信息素养教育学分课程的有效补充。

第九章 高校学生信息素养的培养路径

第一节 高校学生信息素养的内容

高校学生信息素养教育中，高校学生自身的动力应得到充分重视。高校学生在信息环境中应该能够成为有能力与他人互动和协调的相互教育者。学校也应该充分营造这样的合作互动的情境，将高校学生的技能、性格品质、自我学习等相互融合、渗透和引领。重点加强高校学生信息意识自省，实现信息道德自律，做到信息自律，同时形成批判性思维，做到理性面对网络敏感信息，主动学习、自主选择那些积极向上、符合社会主流文化价值取向的内容；此外，重视发挥校园环境作用，营造积极向上的共生环境。学生作为自我教育的交互式主体，高校应多渠道创设高校学生信息素养的自我教育环境和氛围，使信息素养教育生活化、内生化、实践化、接受化。这对高校学生来说是非常重要的。

一、高校学生自身重视信息素养养成

良好的习惯都是在养成中形成的，高校学生信息素养必须经过养成和引导。高校学生对信息了解和掌握是一个循序渐进的过程，高校学生信息素养也是在现实和信息双重影响下逐步形成的。信息社会对道德的要求标准体现在信息使用者具有自律性道德品质，能够突出"慎独"这一特征。"慎独"表现在个体在独处时，尽管不存在任何监督力量，但个体仍能够按照内心的道德约束恪守准则。在信息社会中，传统的服从道德模式已经无法发挥功效，因此必须将道德范式提升到更高层次的要求，养成其道德习惯，将道德信念扎根灵魂深处，培养个体的自律性道德能力，才能更好地约束其信息行为。按照道德理论，高校学生所处的道德水平阶段为向道德自律转化阶段。信息道德建设需要加强，无论是他律或者是自律道德范式，高等院校必须加强高校学生的德育教育，增强高校学生信息话语能力。高校学生群体，实现高校学生自我尊重需求，高等学校在推进信息道德教育方面，培养高校学生能够学会尊重的道德品质，既尊重自己，又尊重他人，形成自律和他律的全方位道德价值理念，以身体力行的方式习得。随着信息技术的快速发展，高校学生必须尽快适应新的环境，不断抓住新的

机遇，充分展示自身价值，不妨碍他人的发展，利用现代化科技来提升自我能力，构建积极向上的精神追求。

在信息素养教育过程中，重点强调高校学生和信息之间的交互作用。当学习者以生态主体的角色进入到网络学习空间时，他们会根据自己的学习需求在网络学习空间所提供的大量外部信息中进行判断与选择，将那些有价值的信息通过获取的方式输入自己内部的信息加工系统，并通过"生成—内化—外化"的过程完成知识的学习。当学习者完成对于信息的深度加工时，由于其头脑的不同区域具有不同功能和结构，认知活动使其头脑不同模块间相互作用，完成认知在头脑中的分布。根据网络学习空间中个体学习内部交互的过程可以看到，学习者的学习是一个主动的过程，因此网络学习空间在建设与维护中应做到以下几点：第一，满足学习者对于多样化信息的需求，应突破传统在线资源自上而下的"瀑布型"开发模式，采取"缺失—供给—平衡"不断循环的动态资源建设过程；第二，网络学习空间中存在大量由学习者交流中产生的新资源、新信息，应该注意对这部分可再生资源的搜集与整理，使其纳入网络学习空间的资源流动中；第三，在资源的提供上，学习者必须科学、合理地协调原有知识体系和新知识的关系与矛盾，以此激发学习者积极主动完成与资源的内部交互活动。

二、高校学生自身实现信息道德自律

杜威在其著作《民主主义与教育》中指出：按照道德论中的道德行为和意识关系，两者具有辩证统一性。在教育领域，知识和行为的关系在道德教育中尤为突出，教育和道德过程具有统一性。在道德过程中最高目的是培养道德行为，往往对获得知识的能力有所忽视。在教育过程中，学校教育提倡学生能够获得直接经验，这些经验有利于塑造其道德行为，加深其内化影响的作用。道德教育的广义概念包括凡是能够直接参与的活动，能够从中获得直接经验的有效教育。也就是说，高校学生信息知识的获得和信息行为的培养，是与高校学生信息道德的培养一脉相承，息息相关的。若是将信息知识和行为与信息道德脱离，信息道德也就如杜威所说的"会成为一种道德的空谈"。素养之于素质，最重要的差异在于德行、道德教育。因此，高校学生素养的教育支持，高校学生实现信息道德自律，就显得尤为重要。

据相关教育理论论述，教育不仅是向学生传递知识，还应该重视训练学生的能力、口才等。如美国的大学教育，其在高等教育中占有举足轻重的地位，对本科阶段的教育目标具体阐释为，具有较强的书面表达能力，能够准确规范表达，口头表达能力较好；具备较高的道德意识；具有审辨思维能力；具备较高的数理推理能力；具备公民意识；在全球化背景下，能够适应经济一体化发展，培养多元文化素养；学术兴趣广泛；能够在就业中获得竞争优势。这是德雷克·博克提出在大学本科教育的重要目标。

从中不难看出，高校学生除日常学习实践能力和专业知识外，还应该培养信息素养、道德意识、公民意识等内容。当前，在我国争夺虚拟空间的话语权的背景下，要求更多具有高等学历的高校学生参与到信息阵地建设的呼声日益高涨，如何在规范高校学生信息行为和话语的同时，充分发挥高校学生的信息能动性和创造性，是高等教育的重要使命和责任。

在信息化时代，高等院校必须要全面认识信息素养这一内涵，这是首要任务。高等教育的教学目标体现在实现信息素养教育。利用互联网平台，高校学生可以方便快捷地获取信息，实现信息高效共享。但在查阅利用信息方面，受到多元化的信息类型影响，而且在信息传播途径方面也表现出复杂化特征，这些都在很大程度上对高校学生查阅利用信息方面造成阻碍。信息认知能力以及信息的创造力影响着高校学生的信息行为和习惯。基于高校学生认知能力有限的情况，高校需要培养其信息素养能力，在贯彻终身学习教育理念的同时，把信息素养教育作为教育重点。高校通过分析高校学生在信息生态系统中的参与程度，创造有效情境，提高其查阅信息、运用信息、整合信息、创造信息的能力。高校在培养高校学生信息素养方面，必须发挥其积极主动作用，深入了解信息生态系统，培养其思辨式思维。传统信息检索功能必须进行转变，在信息活动过程中，高校基于高校学生学习需求，在生产信息以及消费信息过程中，围绕其责任，情感，知识，技能等，促进信息素养教育正常有序进行。

三、高校学生成为信息自治的主力

将不触犯法律规定作为高校学生信息素养教育的基本底线，这就要求对信息素养教育的规范进行确切界定。通过集合社会、家庭和学校三方力量，增强高等学校信息素养教育的师资力量，发挥学生主体作用。在高等学校校园内，要求学生遵守网络文明公约，"上文明网、文明上网"，提高高校学生网络文化认同感，约束其网络行为。促进网络文化活动的开展，能够增强高校学生网络文化与责任意识，使其能够坚守界线，保证基本原则。高校学生能够在信息中做到自我约束，不滥用信息权利，对不正确的、极端的，需要修正的高校学生网络失范话语，尤其是谣言、失实言论或是虚假信息等，高校网络管理者应进行强有力的控制，将其负面效应在最短的时间内降到最低。如为了彻底净化网络环境，我国政府 2001 年发布了《全国青少年网络文明公约》，其目的是增强青少年自律意识和自护能力，保障他们健康成长。该公约也得到高校学生的积极响应和广泛传播，高校学生也具有了一定的自我保护意识和鉴别信息的能力，在保护自己的基础上进行学习、拓展和进步。

第二节 提升高校学生信息素养教育专业化水平

学校的任务是具有社会性的。马丁·路德·金曾提出"教育必须教会人们过滤和权衡证据的能力，必须使他们具备分析对错、判断真假、辨识事实与杜撰的能力。因此，教育的功能是教会人缜密和批判性思考"。美国罗伯特·梅纳德·哈钦斯在教育研究中界定的教育目标包括两大方面，即"人力"和"人性"。教育培养个体的目标应该坚持富有智慧，富有学识。联合国教科文组织关于教育的报告《教育：财富蕴藏其中》强调了大学作为一个功能性场所，应尽可能地实现多样化贡献。因此，在大学培养人才方面，必须在教学体系中纳入信息素养教育这一重要内容。高等学校承担信息教育责任，开展通识教育，使高校学生能够具备相应的信息知识和能力，掌握信息素养相关技能，同时在高校课程中能够更好地开展信息素养学习以及相关活动。信息素养的有效开展和高校教育有非常密切的联系。大学是信息素养教学的主要场所和重要实施主体。大学除了关注高校学生基础素养、就业能力等方面培养外，同样要关注他们的信息素养。其中，高校应重点从师资队伍专业化、授课模式转变以及智慧教育构建等角度着手，着力提升高校信息素养教育的专业化水平，搭建有效的高校学生信息素养教育平台。

一、促进高校学生信息素养教育师资队伍专业化

高校必须在高校学生信息素养教育过程中负有首要责任，尤其在文献检索、信息资源服务、责任意识养成等方面，对塑造高校学生信息素养方面作用显著。同时，在高校学生信息素养教育培养中，既要体现在信息技术方面的引领作用，同时又要充分发挥图书馆在信息道德和思想政治方面的教育作用，更加重视对高校学生信息创造能力的进一步培养和发展。在这个过程中，首先是实现大学教育的数字化。同时，在信息素养数字化教学过程中，仍然存在开放性、隐私性和安全性等方面的问题。数字化倡议为学生提供一个进行事实调查和分享新闻背景的场所。

我国著名教育家叶澜教授指出："教育的目标是成人，成就人。教师从事的事业是育人，人格是教师传授给学生的重要素养，而不仅仅是简单的专业知识。"叶澜提出：在传统教育理念中，人们往往忽视了教师的创造性，仅仅强调其知识的传播能力。当前，尤其是在高校校园内，教育者对学生的影响，除了知识的传授外，人格、品格成为更为重要的教育方向。在高校校园，对待信息数据过程中，一名教育者给予学生的是积极的还是消极的反馈，是有益的还是有害的影响，都直接或间接影响到学生在信息素养的养成、提升。也正如叶澜教授所提倡的，人类的积极向上与教师的教育有

着非常密切的联系。在理解、选择、运用、评价、反思、创造信息的过程中，大学教师的言行举止能够对高校学生的信息素养产生影响，甚至可以由教师带领、引导高校学生去获得在信息时代的一种精神力量，一份精神财富。将教师的所思所得转移至学生身上，让高校学生在信息理解、选择、运用、评价、反思、创造过程中，成为一个能动的主体。高等教育目标和任务的关键转变是大学"教学范式"转变为"学习范式"，与传统教学模式相比，学生不仅仅是被动地接受知识，而应该在发现和构建过程中掌握新的知识体系。

因此，在高校学生信息素养提升的责任主体中，高校教育者，包含高校教师、辅导员、教辅人员等，其信息素养的提升也迫在眉睫。其中，高校教师作为一名专业的科研、教学人员，除了强调教师的专业性发展外，在网络化背景下的教育环境中，更多的是需要高校教师的网络人格发展，作为一个"全人"的发展，或者可用"为人师表"一词来定义，让教师在信息素养提升过程中，最大的发挥育人的效用。也就是说，高校教师除了基本的信息能力外，"师者""育人"的作用必须在高校学生信息素养教育中得到充分发挥。对教师本人而言，信息时代下教师既是信息时代的当事人，又同时扮演着信息素养教育施教的重要角色，因而也需要高校教师与时俱进，在信息化时代持续发展自身的信息水平，打造信息素养较高的教师队伍。其中，理解、利用、选择、评价、反思、创造等六个方面是高校学生信息素养的主要基本内容。而更加重要的是教师在教师职业基础上通过自身健全的信息素养，提高高校学生在信息技术和资源等方面的利用能力。具体而言，从操作层面上面的多媒体化、网络化教学方式的运用，到日趋多元的教学模式运用，如探究学习、自主学习、深度学习、网络协作学习等，这将高校教师的角色和定位进一步丰富和复杂化，也让高校学生和高校教师之间的联系呈现多样化和个性化的特征。在提升信息素养过程中，转变教师角色，教师应该作为学习者，推进技术发展。在信息化时代，社会领域中到处都体现了数字化特征，这也使得教师必须转变传统角色，能够迎接数字化挑战。无论是传统时代的教育还是信息化时代的教育，教师和学生之间的密切关系不会被改变。

二、转变高校学生信息素养教育模式

按照建构主义的观点，学生获得知识的途径不是通过教师传授，而是在特定社会文化情景中，通过师生之间的合作互动，学生能够依靠一些学习资源，主动建构知识体系。在学习环境中，具体包括四方面要素，即合作、会话、情境以及建构。在情境学习理论中，个体所有的认知活动需要依靠情境，只有创设有效的情境，学生才能实现有意义的学习，才能获取知识。按照分布式认知理论，个体大脑中具有认知活动以及具备相关能力，由于认知活动中包括各种要素，学习无处不在，存在于时间、空间、环境、媒介、社会等。基于情境空间中，依托认知工具，通过生活化学习场景，个体的互动作用体现在群体之间的认知活动中，具有自然交互式特点，能够实现认知网络共享。

祝智庭教授指出："智慧教育的真谛就是通过构建技术融合的生态化学习环境，通过培植人机协同的数据智慧、教学智慧与文化智慧，本着'精准、个性、优化、协同、思维、创造'的原则，让教师能够施展高成效的教学方法，让学习者能够获得适宜的个性化学习服务和美好的发展体验，使其由不能变为可能，由小能变为大能，从而培养具有良好的人格品性、较强的行动能力、较好的思维品质、较深的创造潜能的人才。"因此，在传统高校学生信息素养教育模式中，应进一步有机融合信息素养教育。在推动信息素养教育和传统素养教育融合的过程中，高校可以在营造学校环境、改变教师角色、改变师生关系、改进技术手段以及改变教育模式方面进行推动，从而对各个学科中的信息目标进一步明确，更好地落实信息素养教育，提高多学科之间的融合能力。具体有以下几点做法：

第一，可在高校的各个年级以及各门学科中充分渗透信息素养教育内涵，使学生具备信息化能力。首先，构建科学的课程设置。学校在设置课程时，应该有意识地增加信息素养相关内容，通过信息素养相关课程、讲座、课外实践等多样方式，让高校学生直接接触大量的信息素养基础知识，提高高校学生信息素养能力。目前的动态调整主要聚焦在两类：一类是将固化、传统的授课模式，转为以培养学生信息分析能力、学习能力、解决能力等为先导，让课程和教学内容能够更加适应新时代的信息需求；另一类是融入专业培养方面，也就是信息素养教育与各学科专业课程的研究领域进行充分融合，通过各类学科的常态化推进，在需要信息知识和技能的重要领域重点训练高校学生的信息素养。通过专业学习，将信息素养养成融入其中，让高校学生在专业学习中学会对信息资源进行重构和整合，以这样一种间接但又充分融合的深度学习方式，在专业学习中提升高校学生信息素养。其次，可以通过各类专业教师的力量，将专业学习的正确价值观融入信息素养养成的过程中，实现一种正向上的发展趋势。参考国外高校的做法，如美国得克萨斯大学为了增强学生在信息选择、搜索和评估等方面的理解能力和掌握度，在一年级的大学课程中，结合信息素养网络技术，融入了相应的信息素养课程。美国加利福尼亚州立大学信息能力项目在一个视觉有趣的环境中提供信息素养网络教程，并解决大众媒体的网络知识问题。美国华盛顿大学信息素养学习课程根据课程目标展开相关的信息素养知识培训，学生在完成课程作业时，能够享受到更加完善、个性化的教程，切实增强自身信息水平。美国俄勒冈大学以本科生的实际情况为基础，充分利用场景方法，构建了完善的LIB101课程。美国马里兰大学结合信息素养的内容和研究模式，设立了相关的课程，学生们在该课程中研究一个特定主题，并参与及时研究问题的电子讨论。

其二，将第二课堂活动更好地和信息素养教育进行有机融合。建构主义理论中提出：基于社会情境中，能够产生较多的道德行动，个体道德决策受到道德行动的直接影响，道德推理和行动受到道德氛围的直接影响，同时道德氛围能够对道德行动内容在很大程度上造成影响。学校开展第二课堂活动，以此为途径促进信息素养教育发展。该教育途径具有隐性化功能，能够提高高校学生社会实践能力。利用大学的这些活动形式，学生能够更好地掌握信息素养教育相关内容。同时，学校可以举办一些网络知识活动，鼓励学生积极参赛，提高其信息技能。在德育工作队伍中发现并培养一批网络评议员、舆情调研员、信息心理辅导人员等，及时创新教学理念，打造现代化教学模式，结合学生实际情况和发展趋势，充分发挥网络价值，最大限度利用立德树人机制的作用。如上海市教卫党委、市教委主持和主办的"易班系统"在设计和构建过程中，从校园文化、事务管理、思想政治三方面着手，分别构建了类型繁多的互联网产品应用，如 SNS 社区、博客、校友录等，为上海地区学生社区互动、交流沟通等提供了优秀的平台。同时，易班系统结合用户需求和发展趋势，结合 SNS 社区的设计理念和经验，实现了典型应用 Web2.0 的升级，为高校师生提供了良好的信息交流、互动平台，实现了照片上传、博客写作等功能的融合，确保各项工作顺利、高效地开展，为"双一流"学校建设奠定坚实基础。

三、推进智慧校园建设

我国教育已进入信息化 2.0 时代，明确将信息技术放在重要位置。在 2012 年，中华人民共和国教育部印发的《教育信息化十年发展规划（2011—2020 年）》提出："高等教育信息化是促进高等教育改革创新和提高质量的有效途径，是教育信息化发展的创新前沿。进一步加强基础设施和信息资源建设，重点推进信息技术与高等教育的深度融合，促进教育内容、教学手段和方法现代化，创新人才培养、科研组织和社会服务模式，推动文化传承创新，促进高等教育质量全面提高。""加强高校数字校园建设与应用。利用先进网络和信息技术，整合资源，构建先进、高效、实用的高等教育信息基础设施，开发整合各类优质教育教学资源，建立高等教育资源共建共享机制，推进高等教育精品课程、图书文献共享、教学实验平台等信息化建设。提升高校教师教育技术应用能力，推进信息技术在教学中的普遍应用。"例如，小班化教学、空中课堂、在线教学以及混合式教学等。推进信息技术进校园，加强智慧教室，完善校园的信息技术设施，能够实现线上、线下教学互动。在选择教学方法时要有针对性，"因课制宜"，科学设计，实现构建有效课堂目标。基于学生角度，提升其自我管理能力，激发学生学习兴趣以及求知欲望，使其能够主动学习。

随着大数据、云计算、人工智能等高新技术的不断发展，互联网、移动通信、智能终端设备的日益普及，大学的教育环境、教学模式正悄然发生变化，把握智慧教育的真谛，实现创新型人才培养的目标已成为大学教育重点关注的问题。中共中央、国务院印发的《中国教育现代化 2035》部署了面向教育现代化的十大战略任务，其中"提升一流人才培养与创新能力"和"加快信息化时代教育变革"两大战略任务对大学人才培养模式、信息化校园建设提出明确要求。以现代信息技术促进教育改革，创新大学人才培养模式，是高校学生信息素养提升的重要环节。在信息化时代，信息技术革命已经影响到了教育领域的改革，物联网技术以及大数据使得高等教育开发智慧校园建设，实现开源共创成为可能。在智慧校园中，依托知识管理、校园社交网络、在线教育等 IT 平台的支撑，传统的围绕教材开展、以教师教为主的教育方式将逐渐被智慧教育替代。教育方式是以人工智能和大数据为支撑，以学生学习和探究为主，以教师对学生个性化指导为辅的教育形式，是以师生学习共同体的形态呈现，不受课堂的局限，无学科边界，没有地点限制，人人为师，终身学习。

在智慧校园建设的过程中，高校应重点在服务一体化、资源集约化、防御主动化、流程自动化、数据标准化、数据资产化、制度体系化等方面重点发力，推动信息技术与学校治理深度融合，支持学校决策由经验驱动向数据驱动转变。推动服务一体化，彻底扫除浏览器障碍，持续推进移动端和新媒体建设，优化视频会议服务模式，改善校园网接入，改进信息系统应用水平、提升用户体验；推动资源集约化，建立信息化资源管理的集中平台，夯实数据中心基础设施建设，建设云平台资源服务申请与管理系统，实现虚拟化技术的应用、管理自动化与智能化；推动防御主动化，落实网络安全责任制，推进网络安全工作的常态化，实施预防外部自动化攻击系统的部署，减少系统暴露面，突出主动防御，加强信息系统安全、机房安全、主机及客户端的安全，加大安全防护的深度、广度；推动流程自动化，完成协同办公平台一期建设，持续推进"一网通办、一网统管"的校务治理体系建设，拓展工作流、平台业务线的应用，推进相关应用系统的运行维护保障和优化升级，提高信息系统应用效能；推动数据标准化，完成数据管理规范、核心数据的数据标准制定，规范非结构化数据采集标准，整合数据接口，统一接口开放能力；推动数据资产化，建立校园卡数据分析系统，基本完成"教师一张表"，迭代优化"学生一张表"，探索综合数据分析支持学校治理决策的有效机制；紧抓信息化治理制度体系化，强化顶层设计和队伍建设。

第三节 优化高校学生信息素养教育支持体制机制

无论是从社会发展的实现情况还是学者在调研过程中发现的高校学生对网络的高度依赖性，信息网络技术的推动以及层出不穷的新媒体技术，这些都深度影响着高校学生的世界观、人生观、价值观、道德观和理想塑造等，也极大冲击着高校学生的社会交往方式以及学习方式等。因此，高校学生信息素养教育支持体系必须沉浸在网络环境中，以网络环境为依托来开展，其中网络主要体现在高校校园网络、学校的多媒体设备、计算机等。在网络资源中，学习材料已经被数字化处理，资源丰富，而且容易实现共享。在网络平台中，主要内容为教学过程中的软件系统，以及学习平台设置等。在网络工具中，学习工具能够为学习者建构知识以及处理问题提供帮助。

一、制定高校学生信息素养教育标准

随着信息技术的不断运用，在世界范围内多数国家尤为重视该国的信息技术发展，其能够增加国际地位，增强国民整体素质。而且一些发达国家比如美国、日本等国家在国民教育课程内容中，已经开始融入信息素养课程，其信息素养教育支持制度已日趋完善。我国在信息素养教育标准方面，目前还没有出台统一标准，在大学教育中，这会阻碍信息素养教育的推进。基于我国国情，研究者建议相关部门应该制定统一的信息素养标准。同时应该积极学习信息素养的教育经验，基于本土化实际情况进行完善。

高校管理者必须意识到项目提升、信息素养教育加强等过程中制定信息素养教育标准的重要性。在高校教育专业标准中融入信息素养要求，制定教师信息素养提升规划，将网络知识有目的地融入计算机基础课程中，充分利用各项信息技术，最大限度增强学生的信息收集等能力。高校教师在教学过程中要着重培养学生的信息道德意识和信息安全意识，培养学生对网络媒介信息的鉴别能力。参考国内外信息素养教育标准，可以看到信息素养师资的专业化要求被不断提升且其专业标准要求日渐完善。如美国教育协会对信息素养教育教师的标准规定，教师作为教育者，必须掌握信息技术基本知识以及通用技能，提高运用技术能力，在教育教学过程中需要融合信息技术，实现教学相长。教师在增强学生信息素养方面，首先其要掌握信息技术，将数字信息技术能够运用于各个学科教学过程中，让学生明白数字化世界已经到来，提高学生参与度，让学生具备终身学习能力。同时，政府和学校应给予支持，推进信息教育循序渐进地发展。政府应该加大信息技术培训力度，通过专项课题形式，学校可以开展校本培训，基于校本实际制定培训课程。

2008 年，联合国教科文组织基于教师角度，发布了相关的信息技术能力标准《信息与传播技术教师能力标准》（ICT Competency Standards for Teachers 简称 ICT-CST），其中提到在信息大爆炸时代，人们每天都会被铺天盖地的信息围绕，因此必须要提高人们利用信息技术的能力。提升教师信息素养，要求教师能够合理使用信息技术；科学分析所获取的信息，查询所需要的信息；提高解决问题能力，做出科学决策；有效使用生产工具，再创造信息；作为有效的沟通合作者，能够制造信息；了解责任，承担责任，做有贡献的公民。联合国教科文组织同时提出：在教学过程中，教师必须充分利用信息和通信技术，创新教学理念和模式，打造综合性、现代化的学习和改造能力。教育系统需要定期更新教学设备和改革教师专业发展，确保所有教师都能利用教育技术。联合国教科文组织提出的《教师信息与通信技术能力框架》（UNESCO ICT Competency Framework for Teachers）旨在帮助各国制定全面的国家教师信息与通信技术能力政策和标准。该框架被世界各国所采用，它强调了教师使用信息技术的能力分为三个层次与教师工作的六个实践维度，如表 9-1 所示：

表 9-1 教师信息与通信技术能力框架内容架构

六个实践维度	三个层次		
	知识获取	知识深化	知识创造
理解信息技术教育应用政策	政策理解	政策应用	政策创新
课程与评估	基础知识	知识应用	知识型社会技能
教学方法	ICT 促进教学	复杂问题解决	自我管理
数字技术应用	应用	灌输	转型
组织和管理	标准课堂	协作小组	学习型组织
教师专业学习	数字素养	建立专业网络	创新型教师

美国州际新教师评估与支持联盟（Interstate New Teacher Assessment and Support Consortium，简称 INTASC）明确了教师资格认证统一标准，其中提出了教师如何使用数据，其规定教师需要明确信息使用目标，能够提高教学效率，不断改进教学方式，创造有效课堂。在该标准中，包含数据使用的主题数量近 40 个。基于知识层面，该标准中提到，教师需要掌握分析数据以及评价数据的能力，依据学生学习模式，分析学生之间的学习差距，能够提供有针对性的指导，教师能够做出积极反馈；基于行为层面，在该标准中提到，教师能够随时跟进学生学习进度，能够检查学生考试情况，获取相应数据，并在实际操作过程中，将数据要求明确融入专业教师培训过程中。例如，美国阿肯色州采用 INTASC 教学标准，在对教师职业资格进行培训的过程中，培训内容包括数据语言、数据技能、有效评估、教师数据素养能力养成等。

此外，美国全国专业教学标准委员会、国家教育认证委员会在教师资格认证时，提出纳入数据素养，认为教育者应该掌握未来教学能力，建议学生能够受到教师思想教育行为的直接影响，教师必须科学做出教学决策，掌握数据知识技能，在教学工作中能够进行有机整合，并明确要求新教师入职培训的内容必须包括信息素养教育培训。基于学生需求的角度，教师能够根据教学数据及时调整教学行为，能够提供给学生有价值的反馈。

同样，国内相关指导意见也逐步出台，2016年，在教育部开展的"一师一优课、一课一名师"活动推进会中提出，教师可以在指定网站上提交课程相关资源，征集遴选优课，这更好地推动了信息化教育的普及与应用，有助于提升教师信息化能力。2018年，中华人民共和国教育部发布《关于完善教育标准化工作的指导意见》，其要求规范教育标准制定程序，完善教育标准体系框架。2020年中华人民共和国教育部发布的《教育信息化和网络安全工作要点》中明确规定了在教育教学过程中，引进信息技术并且能够广泛运用。

二、发挥丰富多元的高校学生网络正能量

在传统话语体系的基础上，人们不断改变或创造出的信息话语已经逐步融入人们的现实生活，体现出一种新的文化思维方式，并被人们广泛应用。高校学生不畏惧风险、敢于向规则挑战，在网络信息社会中高校学生的创造力被发挥得淋漓尽致，引领属于新生代的文化风潮。信息话语的创造性打破了传统的语言规范和文化模式，构建了符合现代发展的新的话语体系。信息作为一个相对自由的虚拟空间，用传统的知识语言结构去规范其话语构成，并不现实。在信息化时代，高校学生的学习生活环境已经被信息完全环绕，高校思想政治教育工作者必须对信息社会多元异质特性有清楚的认识。在分析高校学生信息话语时，应客观公正，支持信息话语的个性发展以及实现共生，以一种宽容的态度给予信息话语支持，使得其能够传播更多的正向内容，弘扬优秀文化精神，可以在校园文化建设中更好地融入信息文化，使其传递更多的正能量。

具体有以下几点做法：

第一，应发挥网络话语榜样的积极作用。高校教育部门要注重榜样的示范，坚持正确的舆论导向，学生才可以更加尽情地展示自己的个性，尽情发声。

第二，要积极利用多角度多渠道的信息工具。通过依托网络相关工具，高校信息素养教育者能够更好地规范高校学生的网络话语，收集网络数据并进行分析作为关键环节。例如，清华大学沈阳教授领导的团队创立了"新媒体指数"微信公众号，在该公众号中可以看到新媒体媒介的产品数据。在大数据时代，不论是自媒体用户还是新媒体用户，都可以利用该平台挖掘大数据，高校德育工作管理者可以以此数据更好地

引导网络话语规范。除既有音频、视频、文本等信息话语规范方式的分享运用外，管理者更应该与时俱进地创造信息规范方式，如设立吸引高校学生参与的主题网站，设立高校学生申诉的校园微信群等。高校学生信息话语在不断更新，高校信息素养教育相关负责人员必须紧跟其发展步伐，将信息话语更加丰富化，在日常生活中提升其运用力度，更好地丰富学生工作语言，贴近学生生活，增强学生感知度。信息话语能够提供服务功能，有助于创建校园文化建设，丰富校园生活。增强高校学生信息话语的可信度；在培养高校学生信息思想教育方面，通过选择合理的教育方式，能够在大学校园内建设大学信息文化生态。例如，在重庆大学的一篇阅读量达到 67281 次的微信公众号文章，其内容主要是以熟悉的校园风景配以感性简单的文字，以此来打动学子们的内心，深受高校学生们的欢迎。兰州大学凭一篇《十所大学的"情人坡"》在各大学校的微信公众号中迅速蹿红，这篇文章正是转自《中国青年报》的微信公众号，但兰州大学的编辑老师只是在标题部分凸显兰州大学自身特色，便获得了校园学子的喜爱和转载。

三、建设人工智能教育支持系统

2018 年 4 月，中华人民共和国教育部印发的《教育信息化 2.0 行动计划》正式标志中国教育信息化从"1.0 时代"迈进了"2.0 时代"。该行动计划提出，到 2022 年基本实现"三全两高一大"的发展目标，即教学应用 覆盖全体教师、学习应用覆盖全体适龄学生、数字校园建设覆盖全体学校，信息化应用水平和师生信息素养普遍提高，建成"互联网+教育"大平台，推动从教育专用资源向教育大资源转变、从提升师生信息技术应用能力向全面提升其信息素养转变、从融合应用向创新发展转变，努力构建"互联网+"条件下的人才培养新模式、发展基于互联网的教育服务新模式、探索信息时代教育治理新模式。如北京市教育委员会在 2018 年发布的《北京市教育信息化三年行动计划（2018—2020）》中提出，到 2020 年实现"两新一融一提升"的工作目标。通过在教育领域引入互联网技术，构建管理服务平台，能够在教育教学过程中融合信息技术，更好地加强信息素养教育，增强师生创造能力。在该教育行动计划中，北京市教育委员会提出重视信息素养教育支持。在学生综合素质评价表中，纳入信息素养评价，在学校课程内容中需要增添信息技术等方面的专业课程，例如编程、人工智能、STEAM 教学、创客教育等。在互联网大数据时代，信息技术课程应该坚持系统化、整体化，培养学生基础信息技能，有助于提升其创造力；要组织开展学生信息技术创造成果评选、创造交流等活动，提升学生信息技术应用水平与创造能力。

在大数据时代，高等教育更加依赖信息技术，目前全国一些高等院校已经开始引入智慧校园建设。高校学生可以利用一些移动终端，如电脑、手机、平板等进行学习，学习时间形式不再固定，任何教学资源都可以实现共享；教师可以利用信息技术录制课程，并以课件形式生成完整课堂内容；学校管理员可以利用远程设备，随时看到各个教室各个角落的情况；大学校园也不再是"信息孤岛"，而成为一个个信息节点，经由互联网技术进行渗透与互通，与外界互联。

首先，高校要基于高校学生信息方面的需求，开设信息素养教育课程，发挥学习者主体作用。基于其认知特点，设计信息素养教育内容，加强互动学习。大学还要创造学习情境，能够更加贴近高校学生所学专业内容，使其在构建知识体系方面，表现出积极性。信息素养教师在教学实践中，应利用信息环境和工具开展教学。信息素养教师能够创设真实的学习情境，让学生能够逼真的体验信息检索，教师能够呈现各个类型的检索内容。在真实情境中，学习者能够全方位学习知识、检索信息，提高实际解决问题能力。在实际操作过程中，学生的思维能力能够受到启发，拓展创造空间，有利于学生自主构建知识体系。通过线上学习平台的推广，打造高校学生信息素养提升支持系统。例如，美国麻省理工学院的信息素养相关课程有"新媒体素养"（New Media Literacies）和 "信息探索：成为一名精明的学者"（Information Exploration: Becoming a Savvy Scholar）等，学习内容的形式包括开设专题讲座，面对面教学以及在线学习等。

其次，信息素养研究和教学的多学科方法将为学生提供丰富的、课程整合和持久的教学体验，这些体验能使学生在其整个学术生涯中受益。2018 年我国教育部印发《教育部关于加快建设高水平本科教育全面提高人才培养能力的意见》中提出：重塑教育教学形态，大力推进慕课和虚拟仿真实验建设，共享优质教育资源。以"慕课"（MOOC）在我国的推进为例，教育部在 2013 年开始建设"慕课"，推动信息化教育进展。在 2018 年，教育部正式推出首批 490 门"国家精品在线开放课程"。之后，教育部在 2019 年认定推出第二批 801"国家精品在线开放课程"。从 2013 年到 2019 年，我国的慕课发展迅速，数量由少到多，品质也逐渐增强。互联网中上线的慕课数量达到 12500 门左右，学习者总数超过 2 亿人次，其中获得慕课学分的高校学生数量占到 6500 万人次。同时基于学生学习需求，在大学校园中应建造智慧课堂，推进智慧校园和实验室的建设，使学生能够自主学习以及管理。在教学管理过程中，依托互联网技术，推动人工智能等现代技术应用发展，使教育能够实现智能化、数字化、个性化发展。

最后，高等院校须贯彻信息素养理念，是为了更好地传授信息素养相关知识，规范高校学生的行为方式。高校通过梳理信息素养课程内容，基于高校学生需求，设计出符合情况的教育项目；通过拓展教学资源，使用丰富的评价工具；通过培训讲座以及课后作业等形式，实现信息素养目标。高校在设计相关教育项目时，需要考虑的因素包括以下几个方面：第一是以学生为中心，为泛在学习提供强有力支持。基于学生发展需求以及各专业特征，能够有机融合其创造活动，在各种平台中融入信息素养教育，能够将其渗透在学生的各个阶段中，具体包括课程作业、社会实践项目、专业课、毕业论文等。基于学生学习需求，设计相应的教学内容，提供相关技术平台等，为学生学习提供强有力支持，为学生掌握信息技术提供更方便的服务，学生能够随时随地利用移动终端以及其他学习工具，获取相关信息，提高信息利用能力，实现学习需求以及信息再创造。二是支持情境学习。在创设情境过程中，通过分析信息活动内容以涉及相应的情境，坚持真实性原则。在研究过程中，学生主体能够更好地理解信息需求和行为，在教学过程中能够提高其参与度。信息活动情景能够和生活相贴近，教师能够适时给予指导，提高学生问题解答能力。三是支持协作式学习。通过依托网络环境，充分利用信息技术，调查学习者的偏好，将具有共同偏好的个体构建成学习共同体，改善教学方法方式，利用在线模式或是线下教学，选择相应的主题内容，学习者能够共同交流研究，互相分享学习中的经验得失，能够提高学习效率。四是要重视合作。为了推进信息素养教育工作顺利进行，在教学实践过程中可以运用协同合作方式。教育工作者要积极开展协同合作，寻找合作人员。可以与图书馆、网络中心、学校等的专家学者讨论培训项目内容，制定培训课程，设计相应的教学环节。利用广泛合作，在不同的专业课程中融入各个层级的信息素养教育内容和相关课程，协同增效，发挥作用。

第四节 构建高校学生信息素养教育治理生态圈

要充分重视信息生态系统对高校学生信息素养的教育支持维度，加强政府、大学、社会等力量的影响作用，将高等教育中的信息素养教育看作社会学习、终身教育的重要组成部分，支持高校学生信息素养的发展，提高学习质量和相关性，加强包容性，创新教育模式。政府、社会以及由家长、教师和校领导构成的社区对教育模式的成功改革起着决定性作用。

一、打造全员信息教育生态圈

大学、政府、社会等要加强对高校学生信息素养的重视，营造全员信息教育生态圈。首先，在大学层面要善用话语进行校园文化渲染。大学管理者可以以诙谐幽默、构思独特的信息宣传，将需要表达的校园信息通过巧妙、有趣和新颖的方式传递，增强信息话语引导的实效性，了解正在不断变化的高校学生心态，顺应高校学生话语的接受心理，善用"巧劲"，可以让校园信息环境得到有效净化，让学生在健康、积极的氛围中感受信息话语的魅力，最大限度地减少话语的消极影响，为高校学生创造优美的信息环境，引领高校学生正向信息话语。例如，北京大学推荐学生阅读诸葛亮的《诫子书》，以此挖掘中华传统文化之内涵，传承北大学子人文凝聚之精神。清华大学通过对《平凡的世界》的推荐，来抒发一种温暖的情怀，进行一种中华民族"自强不息，厚德载物"的精神传达。

同时，在社会群体中建立引导高校学生信息素养的信息圈。为了切实提升自己的社交形象，人们往往会在信息社交过程中不断传播正能量，打造自身特有的良好角色。微信中分享人数较多的文章，大多占据正面的特征，此类信息在高校学生朋友圈中传递，可以让高校学生不仅觉得这些文章信息好，更重要的是高校学生们希望在分享这类信息之后能够更好地塑造自己的社交形象。例如，某高校学生在微信中转载了来自校园官方微信公众号的文章《在华东师范大学就读有着怎样的体验？》，并留言"师大就是能把工科生都培养出拥有这样的人文关怀，这是一所真正的高等学府。"瞬时就有回复："为了学妹你也是拼了""一瞬间从渣渣幻化为学神""学长棒棒哒"，这也是一种在高校学生信息话语中对正面信息传递表达的喜爱和肯定。

此外，还应充分发挥社会信息话语榜样的积极作用，主动培养优秀的信息话语引导者。高校学生信息素养教育者要为良好的高校学生网络话语习惯和规范养成搭建平台，创造网络空间中的高校学生文明用语养成的机会和条件。错误的信息话语往往能够得到高校学生快速、激烈的响应，再经由信息再转载、再创造，滋生了信息失范话语。由于没有形成健康、科学的信息话语体系，很多学生存在各种失范行为，进而导致规范控制作用的失灵，信息负面话语的辐射幅度和频次高，最终导致高校学生在信息虚拟环境下因内外因素形成违背社会规范的话语。因此，高校只有整合自身优势资源，加强专业人才队伍建设，才能更好地维护信息公共设施建设。在引导高校学生信息话语规范方面，可以邀请专家、学生熟悉的教授以及相关学者做讲座，如共青团中央在2015年开展的青年志愿者活动，有助于塑造信息文明行为，也可作为实际案例供信息素养教育借鉴。主要活动有以下几种：

（一）中国青年志愿者服务日专题活动。2015年3月5日前后，广大基层团组织在开展团日活动时，主题活动围绕青年网络文明志愿而进行开展。在开展过程中，各个团组织动员团组织成员利用互联网渠道进行登记，作为网络文明志愿者，在一些社交平台发布相应的志愿宣言等内容，同时在微信或者微博等渠道转发"清朗网络·青年力量"倡议书，同时进行签名承诺。在线下团日活动中，通过座谈交流，相应培训讲座等开展志愿者服务活动。

（二）全团性主题信息活动。在开展主题信息活动时，可以选择在一些重要时间节点，或者有纪念意义的节日。例如，清明节、"五四"青年节、南京大屠杀死难者国家公祭日等；二是在举办主题信息活动时，可以以公益性活动，比如优秀文化传承、"光盘行动"等。

（三）"阳光跟帖"行动。共青团中央和新媒体协会合作，共同开展"阳光跟帖"行动，青少年网民在互联网平台中，在跟帖内容方面，必须符合积极向上的思想，创造和谐友善的信息舆论。

（四）地方性志愿活动。通过结合本地情况，各个团组织可以做出相应策划，积极动员团员加入青年网络志愿者活动，营造和谐的信息舆论氛围，鼓励各单位团员积极参与志愿活动。如表9-2列举的有代表性的地方性"清朗网络•学子先行"主题活动内容。

表9-2 各地方"清朗网络•学子先行"主题活动内容

地区	活动名称	活动内容
湖北省	"清朗网络•学子先行"青年网络文明志愿行动	湖北省成立了"工大清朗侠"网络文明志愿服务队，开通了"工大清朗侠"网络文明志愿服务队微博、微信，网络志愿者代表宣读了网络文明倡议书，团湖北省委负责同志为"工大清朗侠"网络文明志愿服务队授旗，并以普通网络文明志愿者的身份与大家一起在微博上发布网络文明宣言，与高校学生网络文明志愿者和线上网友就构建健康文明的网络环境、学雷锋等话题进行了互动交流。
黑龙江省	"清朗网络•青年力量"网络文明志愿服务行动	团黑龙江省委开发了"龙小青"网络志愿者队伍线上注册系统，通过关注微信公众账号"黑龙江共青团"，点击"志愿行动"菜单，进入微站"龙小青网络志愿者之家"，实现志愿者注册、记录服务时间、服务证下载、标识下载等功能，并自动生成各级团组织统计表。截至目前，黑龙江省通过"龙小青网络志愿者之家"线上注册的网络文明志愿者已达2.4万余人。
新疆维吾尔自治区	"清朗网络•青年力量"青年网络志愿行动	新疆维吾尔自治区举行"清朗网络•青年力量"新疆青年网络文明志愿行动座谈会，新疆社会各界青年代表分别阐述了各自在互联网上传递正能量、抵制极端思想、维护网络环境所作的努力。
江西省	江西理工大学设立班级"网络委员"	特别设立班级"网络委员"一职，以发挥学生的主体作用，营造全校健康文明、积极向上的网络文化氛围。"网络委员"通过自愿报名、公开演讲、民主选举等程序产生，对于网络操作技术较强而且思想觉悟较高的学生，将优先考虑录用。

二、营造全方位信息素养教育氛围

通过国家对高校学生信息素养的教育支持力度可以看出，政府部门、社会和大学必须承担起相应的责任，为高校学生信息素养的不断提升奠定坚实基础。具体做法有以下几种：

首先，在培养高校学生的信息素养教育方面，鼓励高校学生积极运用社交媒体，通过在线社区增强个体互动能力。高校学生能够在个体社交网络平台上，建构信息互动圈，有助于完善个体知识体系，群体智慧创造更大价值。在构建社交人际网络方面，高校学生需要依托个体和群体网络的知识体系，在社交圈的互动过程中，能够不断优化群体知识网络系统，使其更加丰富充盈。

其次，利用社交媒体平台，有利于建构全球化网络系统，能够实时分享多元观点，便于传播文化。在建构社会主义文化理论中，只有基于一定的文化历史背景，个体才能够更好地从事认知活动。在社会文化情景中，有助于建构个人知识，个人知识必须和文化相联系。马秀芳等学者在研究中提出：虽然建构的知识具有主观性质，但是在和其他群体互动的过程中能够不断修正，必须和当时社会文化相联系。

最后，高校学生通过互动信息圈，能够提高其参与学术对话的积极性，有利于为群体献策献力，促进信息去权威化。教师在教学过程中，可以向高校学生推荐一些学术型的社交网站，高校学生可以在该网站中浏览相关学术信息，阅读相关文献资料。利用在线学习社区，能够积极开展学术活动。同时高校学生能通过一些社交平台，例如 Facebook、Twitter、微博、微信等和学习群体实现互动，互相研讨交流。同时信息管理人员可以通过社交平台推送更多的优质资源给高校学生，使其能够了解最新研究动态。

高校学生信息素养源于信息化的社会环境，根植于信息化的教育环境和背景。为了确保网络学习的普遍性和规范性，2018 年 5 月，教育部发布了《网络学习空间建设与应用指南》（以下简称《指南》），其中创造性地提出了"互联网+"教育的教育模式。《指南》将网络空间分为了个人空间（如教师、学生）和机构空间（如班级、学校）、提供公共应用服务（如资源共享服务、决策评估服务）、数据分析服务（如学生分析服务、学生综合素质评价服务）等，强调网络空间支持不同角色用户身份互换，支持各类公共应用服务的汇聚，实现服务共同。2019 年 12 月 20 日国家互联网信息办公室室务会议审议通过《网络信息内容生态治理规定》（以下简称《规定》），自 2020年 3 月 1 日起施行。《规定》对"网络信息内容生态治理"作出界定，主要指政府、企业、社会、网民等主体，以培育和践行社会主义核心价值观为根本，以网络信息内容为主要治理对象，以建立健全网络综合治理体系、营造清朗的网络空间、建设良好的网络生态为目标，开展的弘扬正能量、处置违法和不良信息等相关活动。在高校学生信息素养养成过程中，社会环境的力量不容小觑。社会力量在信息生态中，应尽可能达成价值共识，营造积极向上的信息治理环境，同时以更加规范的信息标准体系，来构建权责明确的信息行为规范和准则，以共治、联动的动力和活力，来推动促进信息社会的文明进步。加强高校学生信息素养治理，就是充分运用多方社会力量打造多方共治的网络生态的一种方式，其中更多是要求多方参与。在信息治理的理念下，以正能量、积极向上的信息生产、运维、供给方式，对信息环境做出正面的、引领性的要求。其中要求网络信息生态参与的各界社会力量，规范信息内容源头，加强源头把控，从生态的角度加强对互联网信息安全的防控和防范，以一个强有力的政策要求社会各方共同为信息安全保驾护航。

同时，在社会媒体方面，根据中国互联网络信息中心（CNNIC）第 43 次《中国互联网络发展状况统计报告》中显示，在内容质量方面，即时通信企业的主体责任得到进一步落实，平台内容共治的格局已经初步形成。在国家"网信办"、有关职能部门以及通信企业的协同努力下，即时通信平台上的违法违规内容受到严厉打击。在日趋重要的信息时代，在信息素养责任担当中，应打造新华社、人民网等主流媒体的影响力。第一，应探索平台发展模式。以中央级新闻媒体为首应尝试打造聚合式内容平台，构建兼具主流价值与创造活力的新媒体内容生态，如人民日报上线的"人民号"平台已吸引数千家党政机关、高校、优质自媒体和名人入驻；第二，提升内容创作水平。以内容生产为主线，重组内部新闻生产流程，广泛运用新型新闻采编、内容展示技术，并积极与外部进行资源共享、协同策划制作优质新闻节目，以此来引领信息传播渠道，提升信息环境的整洁度。

三、形成全过程信息教育闭环

美国教育学家杜威强调"教育即生长"。生长体现了不断向前发展的一种状态，未成熟作为前提发展条件，其具有潜力发展优势，能够促进个体积极向上，不断进取向前发展。其具体表现在两大方面：一方面强调了个体具有可塑性，能够从各方面培养个体能力；另一方面强调了个体具有依赖性，环境能够影响个体的生长。杜威强调"教育即经验改造"，通过不断改组个人累积经验，能够赋予其意义，同时有利于为后续积累经验做铺垫。因此，杜威认为教育的根本问题主要取决于经验的改造问题。据此，根据高校学生已有的信息经验，以及外部环境不断变化，也就构建了高校学生信息素养教育治理生态圈构建的基础。

首先，大学信息素养教育者在教学过程中使用丰富的教学方式，例如说通过创客、探究等学习方式以及混合、同步、翻转等，学生能够乐于学习、乐于研究，激发其积极性，增强其学习体验感，有助于锻炼学生的适应能力，社交以及学以致用能力。为了转变学生学习方式，教师必须转变教育角色，应该不断学习，从传统的授业解惑角色转变为新时代所需要的"学生的引导者"，能够基于学生特点设计相应活动，整合各种资源，做一名合格的学习效果评估者，才能够促进学生全方面成长。

其次，在大数据教育环境下，信息技术为实现个性化学习（学习者中心）提供了技术基础，网络为个性化学习方案的实施和落实提供平台。我国高等教育在改革过程中，信息素养教育必须迎合发展趋势，突出高校学生主体特征，不断调整学习方式方法，完善信息素养课程内容，重新设计教育培训模式，使其能够具有持续发展动力。在信息素养教育中需要完善相关课程体系，对不同年级、不同基础的学生开设相关课程，促使其掌握信息素养相关内容以及技能等。数字教育资源的丰富对高等教育系统和机构提出了新的要求，这些系统和机构包括开发创新课程、学习计划和替代学习途径等，所有这些都是通过在线、远程、开放教育、混合的学习交互模式和基于技能的短期教学，例如以开放、在线为特点的慕课（MOOC）。还通过提供灵活的替代方案帮助个人和组织降低需要缴纳的教育费用。

还需要强调的是，必须明确信息素养教育不仅仅是增加信息技术这一课程，而是要在培养高校学生信息素养方面渗透信息教育。高校学生能够在信息化时代提高其生存能力，提高其工作效率，学会在线上获取相关信息，进行消费沟通等行为。在信息化时代，高校学生能够明确责任和权利意识，能够保护自己隐私权以及名誉权，避免在信息环境中被欺骗、被利用。互联网带来了知识爆炸式的更新，传统的学校教育已经完全被打破，传统的教学关系以及管理理念也受到挑战，在大数据时代，不断更新的信息技术在教育领域发生重大变革，鼓励高校学生能够自主学习，创新实践，而不仅仅是传统地获取知识。基于云教育技术，教育已实现全球化，必须将传统的素质教育进行信息化。

第五节 高校图书馆在信息素养教育中的优势与作用

一、高校图书馆在信息素养教育中的优势

第一，信息资源优势。高校图书馆是文献信息的存储和传递中心，具有丰富的馆藏文献信息资源，它不仅有大量的纸质文献，还有众多的电子文献、机读文献、联机数据库等，能够满足学生的不同要求，极大地方便学生阅读。这些丰富的信息资源是高校图书馆开展信息素养教育的基础，是高校学生接收信息素养教育"取之不尽，用

之不竭"的财富。

第二，人才优势。高校图书馆不仅拥有扎实的理论功底和丰富的实践经验的馆员，还拥有业务能力强、知识面广、应用新技术对信息进行开发处理的人才。他们是一支训练有素、技术精湛、学识渊博的专业人才队伍，他们长期从事图书馆业务工作，熟悉馆藏，接触信息量大，精通文献的搜集、加工和整理，能很好地掌握现代化技术。他们既是文献信息的管理员、传递员，又是文献信息的导航员。图书馆馆员每天直接接触读者，在具体的各项信息服务中，他们通过自己的言传身教感染学生，使高校学生在潜移默化中增强信息意识、提高信息能力和强化信息道德，这是对高校学生实施信息素养教育的主体优势。

第三，技术设备优势。随着社会的发展，现代电子通信技术以及互联网的出现，还有计算机、网络、多媒体等技术的迅速发展，为读者提供了数字化的信息资源。各种高新现代化信息技术和先进设备很快在高校图书馆得到普及和应用，进而实现馆藏资源多元化、资源共享网络化、管理计算机化、检索手段现代化。高校图书馆建立了电子阅览室、馆藏书目数据库、馆藏信息资源网、各类专业期刊全文数据库等，这些都为高校学生信息素养教育提供了强大的技术支持和设备保障。

第四，环境优势。高校图书馆具有庄重典雅的建筑，内部环境安静、整洁、书香四溢，对读者的信息素养教育有着潜移默化的作用。在环境方面，高校图书馆有它自身的优势：一是自然环境，高校图书馆环境优美，阅览室宽敞明亮、整洁舒适，让人心旷神怡，学习时效率倍增；二是人文环境，高校图书馆大厅、阅览室墙上张贴的读书求知、名人名言条幅等，给人以文化熏陶，从而激发学生的学习兴趣和求知欲望。

二、高校图书馆在学生信息素养教育中的作用

（一）高校图书馆在学生信息素养教育中的主导作用

高校学生信息素养教育就是围绕信息领域的基本内容，通过行之有效的方法对高校学生实施全面、系统的教育活动。

首先，要宏观地构建培养计划，创建信息素养教育模式。学校要根据"以人为本"的核心思想，以学生发展为基础，宏观指导、统一规划、统一协调，根据不同专业需求开展信息素养教育；根据学习进程，开展分阶段的全程式信息素养教学；突出实用性，以应用为目的，将信息素养教育贯穿整个培养计划和服务体系。

其次，专业课教师要适时引导，注重信息教育与课程目标相结合。高校学生在校学习的主要课程是学科专业，尽管各学科专业都有各自的特点，但在信息社会的今天，任何学科专业的学生都迫切需要提高信息素养。因此，在专业课教学过程中，教师要适时引导学生掌握相关学科背景与横向关联知识，了解本学科、本专业最新信息动态，

有针对性地提出问题；要求学生利用图书馆相关资源，寻找不同观点进行分析，引用相关背景知识进行验证，并利用相关信息达到对专业知识的掌握，进而增强信息意识。

再次，要有计划地安排专题研究，形成信息素养教育氛围。有研究表明，人的一生中积累的知识有 20%~30%是在学校课堂上完成的，70%~80%是依赖课堂外的不断学习。为了激发学生的学习热情和探索精神，学校要有计划、有步骤地安排学生进行专题研究。

最后，还要加强信息伦理道德教育，注重人文精神培养。学校要围绕校园文化建设，在充分鼓励学生学习网络技术、利用网络信息的同时加强网络道德教育，帮助学生树立正确的人生观、价值观，引导学生正确运用互联网选择信息、判断信息、评价信息以及合理使用信息，自觉抵制和消除垃圾信息和有害信息的干扰与侵蚀。教育学生要自律、自控、自我约束，不制作、传播、利用不良信息；不侵犯他人的知识产权和隐私权；不利用信息技术进行违法活动；遵守学术道德和学术规范，养成良好的信息素养。

（二）高校图书馆在信息素养教育中的引导作用

高校图书馆是学校的文献信息中心，是高校学生信息素养教育的重要基地。因此，高校图书馆应充分发挥在信息方面的优势，以其专业性、权威性和丰富的文献信息资源积极发挥引导作用，采取多种形式大力推进高校信息素养教育。

首先，利用资源优势，营造信息氛围。高校图书馆一般都有一定的历史，拥有数量庞大的纸质图书和电子图书，拥有中国知网期刊全文数据库、万方数据库、人大报刊复印资料等电子文献，且在校园网的基础上建立了良好的局域网。文献信息资源的自动化、网络化，多媒体教室的开放等，为信息素养教育提供了良好的硬件基础。图书馆要利用校园网的便利条件，在图书馆网站上开设信息素养教育专题网页，发挥电子阅览室的作用，拓展学生的知识面，培养他们的兴趣爱好，陶冶他们的情操。教育和引导他们既要掌握适应信息社会所需要学习和掌握的信息技术，又要克服对信息和信息技术的过分依赖与迷信，充分利用信息而不被信息所左右，增强自身的主体性，正确处理人与信息、虚拟与现实的关系。

其次，发挥队伍优势，培养学生信息应用能力。高校图书馆拥有图书情报学、计算机、教育学、外语专业的专业馆员，他们熟悉文献检索的基本技能，能够运用自身的知识和能力为学生提供信息素养教育和服务，成为信息素养教育的专业辅导员。文献检索课作为信息素养教育的一门主干课程，其理论性、操作性与实践性都很强。它以培养学生信息意识、信息获取、信息分析、信息利用以及信息评价能力为教学目标，是目前我国培养高校学生信息素养和信息能力的重要途径。文献检索课应转变原来教师单一传授方式为多元化、立体式的师生互动方式，开展高校学生在线文献检索课教学，培养学生灵活运用文献的实际能力。

再次，开展专题培训，提高信息素养。图书馆要通过多种渠道将馆藏资源情况（如新书评价、新书推荐、网上公告、新生培训、开展专题读书活动、组织知识竞赛等）及时传递给学生；充分利用各种条件，组合优化信息资源，为学生提供全方位的服务（如提供专业学习课件、图书馆电子资源、网络免费学术资源等内容）；对学生经常开展利用信息资源的专门培训（如辅导学生学习检索中国知网电子期刊数据库、万方数字资源系统、超星电子图书数据库等）；指导学生使用免费信息资源（如讲解谷歌、雅虎、百度等大型搜索引擎的使用方法等）的技术知识，帮助学生熟练掌握这些工具，提高他们利用网络免费信息资源的能力。

最后，加强信息管理，净化信息环境。互联网上信息比较庞杂，零星散乱，缺乏系统性，而且有时真假难辨，并且联机数据库的累计年限都比较长，因其检索过程方便快捷，导致不少垃圾或有害信息乘虚而入。因此，图书馆馆员应对学生读者的需求行为做出系统的观察分析，对不同需求行为进行控制和引导：对正确的文献信息给予满足和协调；对不良需求行为进行相应的纠正；对学生读者使用联机数据库耐心指导，使他们熟练掌握检索技能，有效以及高效地获取有用信息，从而强化自己的学习。

第六节 高校图书馆开展高校学生信息素养教育的方法与途径

一、高校图书馆开展高校学生信息素养教育的方法

在当前信息高速发展的社会，加强高校学生信息意识、信息能力、信息道德教育，已成为目前高校图书馆的重要工作。图书馆应根据其优势，发挥自身主渠道作用。具体有以下几点：

第一，加强高校学生信息素养教育。为了有效培养高校学生信息素养，改变他们信息素养欠缺的现状。图书馆应该积极争取领导的重视和支持，把信息素养教育纳入学院正规的教学计划，开展以培养高校学生信息素养为目的的教学活动，尤其应该加强对新生的信息素养教育。这是因为刚刚进入大学的高校学生，对高校图书馆缺乏必要的了解，对如何利用图书馆不了解，对新生进行信息知识教育是正确引导其提高信息素养的有效办法。通过向新生系统介绍图书馆的概况、馆内布局、规章制度、馆藏信息资源以及基本检索技能等，用最短的时间让新生了解并使用馆藏资源，提高新生

对馆藏信息资源的兴趣，从而激发他们的信息意识；增强他们入馆学习的目的性，使他们可以更好地利用图书馆资源。图书馆还要结合当前网络已经成为高校学生获取信息、交流信息的重要渠道的实际情况，引导高校学生正确使用校园网络，提高自身信息素养。

第二，加强文献检索课教育力度。文献检索课要从培养高校学生信息素养的目标入手，以培养信息意识为先导，以传授现代信息基本知识为基础，以培养高校学生的信息能力为核心，使高校学生能够把握信息价值取向，明确自己的信息需求，并能从大量信息中感知有用信息。它是高校学生素质提高和发展的内在驱动力。通过学习有关检索知识和相关检索工具的使用方法，以及科学的方法和技巧，学生能够从浩瀚的文献信息中找出符合特定需要的文献信息。这种理论与方法指导课，是高校图书馆对高校学生进行信息素养教育的一个重要方式。它能增强学生的信息意识，使学生掌握一定的信息基本知识，培养学生获取与利用文献知识和网络信息资源的能力。

第三，加强高校学生信息道德教育。通过对高校学生进行信息安全、信息传播法规、知识产权、信息合理利用的教育，引导高校学生树立正确的网络信息使用观念，培养高校学生正确的道德判断和选择能力，使其学会在信息社会中遵守法律，尊重他人的知识产权及隐私，提高信息鉴别能力和自我约束能力。

高校学生还处于世界观、人生观、价值观的形成阶段，缺乏对信息的鉴别能力、判断力以及对不良信息的抵抗力，如何引导高校学生正确对待各类信息，提高高校学生的信息素养，是摆在高校教师面前的一项十分紧迫的任务。高校应该改善教学方法，加强信息素养教育，以适应新信息环境的要求。

第一，完善信息素养教育体系。信息素养教育要从新生抓起。新生入学后，图书馆应及时按专业组织新生分批进行入馆教育，让学生了解图书馆的服务项目、馆藏资源、藏书布局、开放时间、专业信息资源及其查询和使用方法等，对学生进行以信息意识和信息知识为主的教育，通过学习，将信息意识变为自身的行为习惯和思维方式，从而形成个人品质。在各种形式的教育中，应努力创造一个在实际学习生活中使用信息技术解决问题的学习环境，将信息技术与各学科或具体的实际生活有机结合，从而培养学生利用信息技术的意识和兴趣，拓宽学生解决问题的思路，提高学生的创新精神和实践动手能力。现代大学课程的典型特点是学科交叉融合，信息知识更新快，信息量大。因此，信息素养教育必须与高校学生各阶段专业学习有机地结合起来，从文献检索课教学出发，结合不同专业的教学内容，以学业驱动学习模式、问题求解模式等，让学生参与到课堂中来，变被动接受知识为主动探求知识，成为学习活动的参与者、合作者。学生既可以独立完成学习任务，也可以通过和其他同学协作交流共享信息资源，在自主学习、协作学习中逐步提高信息获取、鉴别、处理、运用能力，从而有效地提高信息素养。

第二，改变信息素养教育模式。信息的获取能力和相应的技术知识是信息素养教育的重要内容。传统的以理论为主的教育方式已经不能适应新时代信息环境的要求。因此，高校必须结合当代高校学生的特点，进行引导式、针对性教学，特别是针对当代高校学生的各种特点进行引导，使他们具有随时、随处搜集、整理信息的意识和辨别、利用信息的能力。高校应采取高校学生易于接受的方式，如 QQ、微信等方式，加强新技术、新知识的宣传，使他们能正确使用新技术。图书馆作为信息资源管理部门，它的根本目的是最大限度地捕获、挖掘、利用、传播知识，实现知识价值和服务价值，为用户提供有效的信息资源共享平台与接口，以帮助用户做出最好的决策。同时，不断提升图书馆形象。在 5G 时代，图书馆应该发挥信息资源的优势，担负起为学生搭建可以信赖和依靠的移动电子信息资源平台的重任。以传统的信息素养教育为基础，将移动在线教育作为信息素养教育的拓展和延伸，两者相互依托、相互补充。高校图书馆应该充分发挥自身的信息资源、信息人才等方面的优势，把加强新媒体时代高校学生信息素养教育作为主要教学内容之一。信息素养教育是一种以培养学生信息意识和信息处理能力为目标的教育。它不仅包括传统的图书馆用户教育，还包括计算机、网络运用技术、信息检索技术以及信息意识、信息观念、信息道德、信息法规等方面的教育。它并不是一种纯粹的技能教育，而是培养学生可持续学习能力、创新能力和批判性思维能力的素质教育。因此，高校图书馆在讲授传统文献检索知识的同时，要增加信息意识和网络信息检索方面的课程。

第三，加强信息资源的建设与管理。作为信息资源的发散地，图书馆需要不断地完善文献资源建设，整合信息教育资源，优化多媒体信息环境，拓展图书馆的信息服务，重视计算机及网络环境的建设，注重数字资源的建设。加强一些新型服务项目，如图书馆联机目录、联机数据库服务、全文型电子出版物、数字化文献传递服务及网络化信息资源导航服务的广泛宣传和使用，使文献资源获取和服务进入电子化知识传递的新环境，形成多渠道、全方位的局面；管理服务方面，要进一步完善图书馆自动化集成系统，如公共检索系统、光盘检索系统、网上查询系统等；开通网上咨询、网络导航等服务项目，拓宽服务范围。图书馆还应不断努力建设和更新自己的网络主页，在主页上介绍图书馆资源，做好资源导航工作，以丰富的信息资源和优质的管理服务为高校学生信息能力培养奠定物质基础。

二、高校图书馆开展高校学生信息素养教育的主要途径

第一，开设文献检索课是开展高校学生信息素养教育的有效途径。文献检索就是利用一定的检索工具，运用科学的方法和技巧，在浩如烟海的文献信息中寻找自己所需的信息。高校学生只有掌握了文献检索的方法与技巧，才能在浩瀚的信息资源中自

主地获取信息知识。高校图书馆开设文献检索课，其目的是增强高校学生的情报信息意识，培养他们搜集和处理文献信息的技能。文献检索课既是增强高校学生信息意识和信息运用能力的主要途径，也是目前对高校学生进行信息素养教育的主要方式。随着计算机技术与互联网的迅速发展，文献信息趋向海量化、多元化，检索途径更加多样化，高校图书馆的信息环境也随之发生了巨大变化，因此只有改革与深化文献检索课的教学，才能符合时代的要求，适应信息社会发展的需要。

第二，进行入馆教育是对高校学生开展信息素养教育的基础和起点。在我国，由于信息素养教育概念提出较晚，加之各地各高校开展信息素养教育的程度不同，因此新入学的高校学生的信息素养水平参差不齐，整体信息素养处于启蒙阶段。高校图书馆应通过对新入学高校学生进行利用图书馆的基础信息素养教育，帮助新入学高校学生尽快地熟悉图书馆、了解图书馆，使他们在高校期间掌握和应用好学习方法和途径，增强自学和终身学习的意识，加深对信息的理解。对高校新生进行入馆教育，既是缩小高校学生之间信息素养差距的有效途径，又是大学信息素养教育的基础和起点，它是高校学生信息意识培养的初始阶段。

第三，建设一支高素质的图书馆馆员队伍。信息社会对图书馆馆员应具备的素质提出了更高的要求，使其角色发生了很大的变化：从传统的文献资料提供者和管理者转变为信息传递员、信息导航员等具有开拓创新意识的复合型信息人才。图书馆馆员的素质不仅影响图书馆工作，也直接影响高校学生信息素养教育的开展。因此，图书馆馆员不仅要有良好的职业道德和爱岗敬业精神，还应具有适应新形势发展的业务素质。高校图书馆领导应结合本校的具体情况，有计划地对图书馆馆员进行信息能力培训，如举办计算机知识、网络技术、多媒体技术、信息获取与处理以及管理等讲座或培训班；对在情报检索等专业性较强岗位的馆员和担任文献检索课教师的馆员，应安排进一步的专业培训或深造。每一位图书馆馆员，只有努力提高自身的信息素养，才能适应社会的发展，这也是高校图书馆开展高校学生信息素养教育的根本保证。

第四，举办专题讲座。通过各种专题讲座，高校学生可以了解各类数据库和电子信息资源的使用方法；邀请各学科领域的专家介绍学科最新进展和介绍最新的数据库及其使用方法，高校学生能够掌握检索信息的方法和途径。通过举办专题讲座，可以开阔学生的视野，扩展学生的知识面并增强其信息意识。

第五，开展各种咨询及网络导航。图书馆应设咨询窗口，工作人员应对学生进行指导，帮助学生提高信息检索和筛选的能力，从而提高阅读效率、知识利用率和创新能力。图书馆网站是图书馆与学生交流的窗口，主页上应设置读者留言、咨询台、馆长信箱等板块，并建立电子资源利用、信息查询、学科导航等多个栏目，随时指导学生使用信息资源，方便学生随时了解和获取信息，形成以图书馆网络资源为特色的校园信息素养教育环境和氛围。

第六，建立和完善高校学生信息素养教育课程体系。信息素养教育应以培养高校学生良好的信息意识、信息能力和信息道德为目标，在现代课程理念的指导下，建立一个开放、动态的信息素养教育课程体系，以培养高校学生的信息能力为核心、传授信息基本知识为基础、培养信息观念（意识）为先导、培养信息伦理道德为准则和保证。课程体系的四个层面相互联系、相互影响，缺一不可，从总体上反映道德修养、信息技术和人文素养的目标导向。在课程目标的具体设置上，高校学生信息素养教育可以采用三级目标，逐步推进的模式：对于刚入学的大一新生，主要是培养其信息基础知识和信息处理的基本技能，培养他们的学习兴趣；对大二、大三学生着重培养他们熟练使用专业检索工具和利用信息资源的能力；对大四学生和研究生阶段的学生，应该加强信息理论教育，提高他们的理论素养，使他们能够结合自己的专业进行针对性学习，进一步提高他们对专业信息搜集、利用与评价的能力，使其能够承担相关的研究课题，为理论研究、应用研究提供信息依据。在课程的具体设置上，高校要从纵向和横向上拓展延伸，丰富信息素养教育课程的内容：在纵向上应该摆脱长期以来主要依靠文献检索及计算机基础等课程来实现信息素养培养目标的现象，高校可以尝试开设专门培养高校学生信息素养的理论课程和实践课程，让学生获取比较系统、完整的信息知识；在横向上可以开设一些培养高校学生信息素养的拓展课程，如专业文献检索、计算机伦理学等选修课，这些课程可以进一步扩宽学生的视野，改善学生的知识结构。教师在实施信息素养的教育过程中，绝对不能把信息素养教育等同于文献检索课的讲授，必须对现有的内容进行补充与整合，使学生不仅掌握检索方法，具备良好的信息意识、检索技巧以及良好的文献组织、利用、评价等方面的素质，还要努力调整和约束个人的行为举止，以适应信息社会环境中新的社会规范和道德伦理要求。创新教学模式，引导高校学生主动提高自身的信息素养。大学的学习就是为了获取信息资源、识别信息、交流信息、处理信息及利用信息。在学习过程中，学生既可分散独立自学，也可采用合作学习模式，即由几个能力不同的学生组成小组，在积极互动中共同学习。学生学会的不仅是知识，更重要的是探究过程本身，如怎样获取信息资源、怎样识别信息、怎样利用信息、怎样评价信息以及怎样批判地思考问题等。通过这种学习，学生可以在获取信息、识别信息和利用信息的过程中，创造出新的知识，主动地建构知识，提高自身的信息素养。

第七，整合图书馆信息资源和学科课程。高校图书馆集聚了丰富的文献资源、具备较高信息素养的图书馆馆员，以及良好的学习环境等优势，发挥这些优势推动高校学生信息素养教育，这既是对图书馆资源的有效利用，也是对图书馆传统用户教育的一种优化与发展。从目前高校的教学现状分析，课堂教学作为主导教学方式，在信息素养培养方面同样具有主阵地、主渠道的作用。高校应把信息素养的精神、意图，整合到各学科课程中，贯彻教学的始终，以此来优化课堂教学的信息传递过程、交流方式等。

第八，努力提高教师的信息素养。教师作为学校教育中对学生进行知识传授并提供帮助的研究者和应用者，其教育使命就是为社会培养适应时代需求的高素质人才，因此在强调以学为中心的时代，以及在整个教育信息化的发展历程中，教师仍然处于主导地位。教师的信息素养水平的高低直接影响着信息素养教育实施的成败。因此，进一步提高教师的信息素养水平，是信息素养教育的当务之急。对教师信息素养的培养，可以通过数字化图书馆和现代教育技术中心这两个机构进行，同时应该把信息素养教育纳入教师继续教育中去。

参考文献

[1]白雪，白永国.计算机基础课程中大学生信息素养水平调查与提升策略研究[J].吉林化工学院学报，2019，36（12）：51-55.

[2]陈芳丽，刘琼阳.浅议民办高校图书馆信息素养教育[J].科技视界，2019（35）：244-245.

[3]陈健.大学生媒介与信息素养的实证研究[J].湖南邮电职业技术学院学报，2019，18（04）：71-75.

[4]高菲.旅游管理专业大学生核心素养的培养策略浅探[J].农家参谋，2019（24）：266.

[5]黄茜，武茹.新时期大学生信息素养教育探析[J].当代教育实践与教学研究，2020（01）：3-4.

[6]黄晓斌，彭佳芳，张明鑫.新环境下大学生信息素养评价标准的构建[J].图书馆学研究，2019（24）：25-33.

[7]李俊英.高师大学生信息素养与创新能力培养路径研究：基于慕课视角[J].现代商贸工业，2020，41（01）：83-84.

[8]娄鹏宇，罗盛，张锦，等.山东省大学生健康素养与就医行为的关系[J].中国学校卫生，2019，40（12）：1820-1823+1827.

[9]牟蓉.大学生信息素养对高校新媒体信息质量的影响研究[J].中国集体经济，2020（03）：103-105.

[10]邱翠云，赖漩，韦美良.高校图书馆培养大学生文化自信探析[J].大学图书情报学刊，2020，38（01）：61-64+86.

[11]司莉，郭晓彤.大学生信息素养课程教学评估方法的比较研究[J].大学图书情报学刊，2020，38（01）：3-6+26.

[12]佟岩，王姝，勾丹，等.基于文献分析的高校图书馆在大学生信息素养教育中的作用研究[J].科技文献信息管理，2019，33（04）：37-39.

[13]汪辉，王俊，张平."互联网+"视域下大学生信息素养教育探析[J].科教文汇（上旬刊），2019（12）：48-49+57.

[14]温丽君，王小平.微媒体时代高校图书馆对大学生网络素养提升探讨[J].中国中医药图书情报杂志，2019，43（06）：44-47.

[15]吴卫华，崔继方，宋进英，等.大数据环境下高校图书馆数据素养教育研究[J].华北理工大学学报（社会科学版），2020，20（01）：42-46+62.

[16]严易平，简正仙.浅谈师范专业大学生具备信息素养的重要性[J].遵义师范学院学报，2019，21（06）：166-168.

[17]杨衡亮.深化计算机课程教学改革，提高军校大学生信息素养[J].计算机工程与科学，2019，41（S1）：21-25.

[18]余成斌，么广会，张龙，等.基于AHP法的地方本科高校大学生信息素养能力评价研究[J].六盘水师范学院学报，2020，32（01）：90-94.

[19]张雪黎，肖亿甫.信息化发展对大学生网络媒介素养的影响[J].中国青年社会科学，2020，39（01）：78-84.

[20]赵英海.图书馆在高职大学生信息素养教育中发挥的作用[J].数字与缩微影像，2019（04）：49-52.

[21]李恒阳.后斯诺登时代的美欧网络安全合作[J].美国研究，2015，29（03）：53-72+6.

[22]李毅，何莎薇，邱兰欢，刘明.北美地区学生信息素养研究现状及其启示[J].中国电化教育，2018（08）：67-72.

[23]刘义民.国外核心素养研究及启示[J].天津师范大学学报（基础教育版），2016，17（02）：71-76.

[24]楼巍，张志伟，黄静.网络环境下大学生思想政治教育研究探索与思考[J].思想理论教育导刊，2014（05）：27-29.

[25]安德鲁·米尔纳，胡俊.雷蒙德·威廉姆斯论乌托邦与科幻小说[J].社会科学家，2016，（09）：155-160.

[26]包楚晗，贾丹萍，何琳，马晓雯，艾毓茜.中文科技论文图表摘要设计研究：以图书情报领域为例[J].数据分析与知识发现，2017，1（10）：21-31.

[27]本刊编辑部.2018中国教育研究前沿与热点问题年度报告[J].教育研究，2019，40（03）：29-41+116.

[28]才世杰，夏义堃.发达国家开放政府数据战略的比较分析[J].电子政务，2015（07）：17-26.

[29]曾贞.数据人：大数据教育时代学习者特征分析及其教学对策研究[J].黑龙江高教研究，2017（03）：10-15.

[30]常飒飒，王占仁.欧盟核心素养发展的新动向及动因：基于对《欧盟终身学习核心素养建议框架2018》的解读[J].比较教育研究，2019，41（08）：35-43.

[31]陈少涌，张宗翔，陈嘉濠，唐译蓉.我国大学生信息素养研究综述[J].中国教育信息化，2017（19）：1-5.

[32]陈云红，张战杰，李书明.美国、英国与澳大利亚信息素养教育研究[J].软件导刊（教育技术），2017，16（08）：91-93.

[33]褚宏启.核心素养的国际视野与中国立场：21世纪中国的国民素质提升与教育目标转型[J].教育研究，2016，37（11）：8-18.

[34]梁正华，张国臣.日本高等教育信息素养标准及启示[J].情报理论与实践，2015，38（08）：141-144.

[35]刘坚，魏锐，刘晟，刘霞，方檀香，陈有义.《面向未来：21世纪核心素养教育的全球经验》研究设计[J].华东师范大学学报（教育科学版），2016，34（03）：17-21+113.

[36]黄如花，李白杨.数据素养教育：大数据时代信息素养教育的拓展[J].图书情报知识，2016（01）：21-29.

[37]邓胜利，付少雄.素养教育的新拓展：从信息素养到多元素养[J].图书馆杂志，2018，37（05）：21-30.

[38]杜安平.布鲁斯信息素养思想述要[J].韶关学院学报（社会科学），2006（11）：166-169.

[39]杜占元.深化应用融合创新为实现"十三五"教育信息化良好开局做出贡献：在"一师一优课、一课一名师"活动国家级培训暨2016年全国电化教育馆馆长会议上的讲话[J].中国电化教育，2016（06）：1-6.

[40]冯刚.习近平关于大学生思想政治教育论述的理论蕴涵[J].重庆大学学报（社会科学版），2018，24（03）：170-180.

[41]惠佳菁，董丽丽.新加坡国民数字素养提升的具体举措与启示：基于《数字化就绪蓝图》的解读与思考[J].世界教育信息，2020，33（08）：36-41.

[42]高恺宁.对"信息茧房"认知偏差的探究[J].新闻研究导刊，2020，11（16）：69-70.

[43]刘敏，张盛.芬兰中小学信息素养教育概览[J].世界教育信息，2019，32（09）：64-66+71.